财经法治

中证中小投资者服务中心
CHINA SECURITIES
INVESTOR SERVICES CENTER

投资者

INVESTOR

第12辑
（2020年11月）

郭文英　主编

法律出版社
LAW PRESS · CHINA

卷首语

《投资者》(第12辑)为第三届中小投资者服务论坛实录特辑,为落实党的十九届四中全会精神,以新《证券法》实施为契机,推动新时代资本市场投资者保护工作迈上新征程,由中证中小投资者服务中心(以下简称投服中心)与中国期货业协会共同主办,中国证券业协会、中国上市公司协会以及中国证券投资基金业协会联合举办,上海市虹口区人民政府特别支持的第三届中小投资者服务论坛(以下简称投服论坛)于2020年9月4日以云论坛形式成功召开。中国证券报、上海证券报、证券时报、证券日报、新华网、全景网等媒体的官方网络平台对全程进行播出,论坛内容精彩纷呈,在线观看人次达120万。

本届投服论坛以“落实证券法实施 促进投资者保护”为主题。总论坛领导讲话环节由投服中心董事长郭文英主持。全国人大财经委副主任委员刘新华,最高人民法院审判委员会副部级专职委员刘贵祥,上海市委常委、副市长吴清及中国证监会副主席阎庆民发表重要讲话。主旨演讲环节由中国期货业协会会长洪磊主持,中国证监会投资者保护局、沪深交易所、全国中小企业股份转让系统有限责任公司、中国证券业协会、中国上市公司协会、中国证券投资基金业协会、中国证券投资者保护基金有限责任公司、投服中心等9家单位相关负责人进行主旨演讲。

专题论坛以“新《证券法》特别代表人诉讼实践”为主题,由投服中心副总经理刘磊主持。来自法院系统、高校的专家学者和公益律师等13位发言嘉宾围绕证券代表人诉讼的协同机制、证券特别代表人诉讼的审裁规则、试点阶段特别代表人诉讼案件选取应考量因素、投保机构在调解程序中的协调与平衡以及律师在特别代表人诉讼中的独特作用等5个议题分享观点、建言献策,为完善中国特色证券民事诉讼制度贡献智慧和力量。

新《证券法》彰显了加强资本市场投资者保护的决心,也提振了投资者保护机构的信心。投服中心作为践行投资者保护职责的专职机构,将坚持“四个敬畏、一个合力”,做好新《证券法》贯彻落实工作,适时推出投资者保护新方法、新举措,为资本市场发展营造良好环境。

目 录

CONTENTS

Thematic Studies

I 主持致辞

INVESTOR

中证中小投资者服务中心有限责任公司董事长郭文英在第三届中小投资者服务论坛上的致辞

履行好新《证券法》赋予的职责 切实保护中小投资者合法权益

郭文英*

尊敬的阎庆民副主席、刘新华副主任委员、吴清副市长、刘贵祥专委、各位领导、各位嘉宾、投资者朋友们：

大家上午好！

由投服中心和中国期货业协会作为轮值主办单位，中国证券业协会、中国上市公司协会、中国证券投资基金业协会共同举办，上海市虹口区人民政府特别支持的第三届中小投资者服务论坛今天正式开幕。

考虑疫情防控因素，本届投服论坛以线上形式举办，我们相信，空间交流无极限，云上论坛更精彩。

请允许我介绍出席论坛的领导：

证监会副主席阎庆民同志，

全国人大财经委员会副主任委员刘新华同志，

上海市委常委、副市长吴清同志，

最高人民法院审判委员会副部级专职委员刘贵祥同志。

今天参与论坛的还有证券监管系统、法院系统有关部门单位领导，高校专家学者。在此，我谨代表论坛主办方向通过线上线下形式参加本次论坛的各位嘉宾表示

* 中证中小投资者服务中心有限责任公司董事长。

热烈欢迎！向长期以来关心支持投资者保护工作的各界朋友表示衷心感谢！

2020 年是新《证券法》实施元年,也是我国资本市场建立 30 周年。此次证券法修订突出强调投资者权益保护,设专章规定投资者保护制度,作出了许多颇有亮点的安排,为投资者保护提供了坚实的法律制度保障,具有非常重要而深远的意义。

证监会主席易会满在第二届"5・15"全国投资者保护宣传日活动讲话时指出,资本市场有关各方都必须自觉以新《证券法》为遵循,知法、守法、用法、执法。证监会系统将始终践行监管的人民性,强化"大投保"的理念,把保护投资者合法权益贯穿于资本市场改革发展稳定各项工作之中。

作为专门的投资者保护机构,贯彻落实好新《证券法》是投服中心的应尽职责。

2020 年 5 月 15 日,投服中心全资子公司、全国性证券期货纠纷专业调解组织——中证资本市场法律服务中心正式揭牌,开启了我国资本市场纠纷多元化解机制的新篇章。7 月 31 日,投服中心发布《中证中小投资者服务中心特别代表人诉讼业务规则(试行)》,为投服中心开启中国特色集体诉讼奠定规则基础。8 月 10 日,第三届"股东来了"投资者权益知识竞赛正式启动,通过新技术、融合新媒体,以寓教于乐的形式,普及新《证券法》和投资者权益知识,倡导理性健康的投资文化,使投资者保护理念深入人心。

新时代对资本市场投资者保护工作提出了新任务、新要求,投服中心将始终坚持"为民 奉献 专业 引领"的理念,履行好新《证券法》赋予的职责,不断开拓创新,勇于探索,切实保护中小投资者合法权益,助力建设一个规范、透明、开放、有活力、有韧性的资本市场。

预祝本届论坛圆满成功,谢谢大家。

I 嘉宾致辞

INVESTOR

全国人大财经委副主任委员刘新华在第三届中小投资者服务论坛上的致辞

刘新华*

尊敬的庆民主席、贵祥委员、吴清市长,各位领导、各位来宾:

大家上午好!非常高兴参加第三届中小投资者服务论坛。2020 年 3 月 1 日起新修订的《证券法》正式实施,作为资本市场的根本大法,新《证券法》直击资本市场焦点难点问题,在市场基本运行制度、投资者合法权益保护、法律责任等方面进行了创新与完善。新《证券法》的实施,标志着我国资本市场的市场化、法治化、国际化又迈出坚实一步,对我国资本市场的健康稳定发展具有重要意义。借此机会,结合本届论坛的主题,谈三点看法。

一、新《证券法》的实施为资本市场健康发展提供了法律保障

我国资本市场发展实践表明,坚实的法制基础是市场规范运行、健康发展的根本保障。新《证券法》进一步完善了资本市场参与主体的基本行为准则及责任义务,对各个方面和环节出现的不适应市场发展的法律表述作出了与时俱进的调整,为改善资本市场生态环境发挥了引领作用。随着资本市场在金融体系和国民经济中的重要性日益提高,加强资本市场基础制度特别是法律制度建设已成为新时代的新要求。

* 全国人大财经委副主任委员。

二、新《证券法》创新了投资者保护的体制机制

一是强化了资本市场投资者保护理念。新《证券法》本着保护投资者合法权益的宗旨,汇集整合现有不同层级法律法规和制度中关于投资者权益保护的规定,从公平、秩序和效率三个维度进行考量,总结近年来资本市场在投资者合法权益保护方面的实践,对投资者合法权益保护进行了制度再造性设计,设立了投资者保护专章,强调了法律的指引、强制、评价和教育功能,对资本市场公平有序运行具有直接的指导。二是加强了投资者保护事前预防与事后救济的连接。新《证券法》首次在法律层面建立了投资者适当性管理制度,突出了对投资者的事前保护,完善了资本市场多元化纠纷解决机制,确保调解、仲裁、诉讼有效衔接,同时建立先行赔付、代表人诉讼等制度,并设计相应的运行机制,降低维权成本,保证维权渠道畅通,探索实施行政和解制度,为投资者维权提供多重路径。三是提升了资本市场违法违规惩戒力度。新《证券法》强化对投资者知情权、投票权、补偿权等基本权利的保护,归纳投资者合法权益侵害行为的模式、类型及构成要件,明确责任,通过大幅增加对证券违法行为的处罚力度、完善证券违法刑事责任和民事赔偿责任、强化证券市场禁入制度、建立诚信档案规定等,显著提高了违法违规综合成本,严厉打击惩治违法行为。

三、进一步发挥新《证券法》的综合效能

一是尽快推进《公司法》《刑法》修改,建立起与新《证券法》相配套的法律体系,在法律层级形成有效合力,增强新《证券法》实施效果。二是不断提升监管的综合执法力。要进一步完善违法资金查处、证券冻结、查封制度等执法手段的具体实施流程。要加大行政处罚的精准性,把上市公司实际控制人作为监管重点,不断探索新型投资者保护的模式、路径、类型和范围。同时,提升执法人员适用法律、依法行政的能力和水平,强化廉洁执法。三是持续提高市场主体法律责任。要强化发行人和上市公司的信息披露义务、违法违规责任以及法人治理规范,完善退市制度。要加大对证券公司的监管力度,压实承销商的核查责任,并将责任落实直接责任人员。要强化投资者个人参与市场活动的法律责任和道德责任,细化法律红线及处罚责任。市场参与主体在享受法律赋予权利的同时,也应自觉履行法律义务,从而进一步提升资本市

场的透明性。

新《证券法》符合我国资本市场现阶段的实际及未来发展的预期，对资本市场的建设具有重要的指导意义和实践意义，必须全面贯彻落实，坚持"建制度、不干预、零容忍"，全力"打造一个规范、透明、有活力、有韧性的资本市场"，使资本市场更好地服务国家经济发展大局。

最后，预祝第三届中小投资者服务论坛圆满成功！谢谢大家！

最高人民法院审委会副部级专职委员刘贵祥在第三届中小投资者服务论坛上的致辞

依法落实证券纠纷集体诉讼制度
为资本市场投资者保护提供司法保障

刘贵祥*

各位领导、各位专家、各位来宾:

大家上午好!

本届中小投资者服务论坛以“落实证券法实施　促进投资者保护”为主题,汇聚理论界和实务界的共同智慧,与当前我国资本市场改革发展的形势紧密结合,非常有意义。在此,我谨代表最高人民法院向论坛的召开表示热烈的祝贺!

习近平总书记指出,改革和法治如鸟之两翼、车之两轮。资本市场的改革发展离不开法治建设。在我国20多年的资本市场法治化进程中,人民法院切实履行证券审判工作职责,在保护投资者合法权益、促进资本市场改革发展方面做了一系列工作。一是制定相关司法解释和司法政策,统一证券纠纷裁判尺度。2020年以来,最高人民法院根据《民事诉讼法》、新《证券法》制定了《关于证券纠纷代表人诉讼若干问题的规定》,这对于证券集体诉讼的落地实施、提高资本市场违法成本、保障投资者合法权益、确保注册制改革行稳致远乃至整个资本市场的持续健康稳定发展都具有重要意义。另外,最高人民法院还出台了《关于为创业板改革并试点注册制提供司法保障的若干意见》,从严格落实“民事赔偿优先原则”、依法保障证券集体诉讼制度落地实施及持续深化纠纷多元化解机制建设三方面对投资者保护工作做出了规定。二是依法

* 最高人民法院审委会副部级专职委员。

公正高效审理案件，维护投资者的合法权益。近年来，各级法院审理了大量涉及场外配资、欺诈客户、虚假陈述、内幕交易、操纵市场、上市公司破产重整等方面的案件，不仅维护了投资者的合法权益，还依法成功化解了一批可能引发系统性、区域性风险的大要案。三是加强政策引导，坚持把非诉讼纠纷解决机制挺在前面。2016 年和 2018 年，最高人民法院与中国证监会先后联合发布了两个《关于全面推进证券期货纠纷多元化解机制建设的意见》，标志着我国资本市场多元化纠纷解决机制的正式建立。近两年来，最高人民法院为了推进证券纠纷的解决，指导下级法院探索采取"示范判决 + 委托调解"制度，及时审理了一些具有典型性的证券民事侵权纠纷。

我国资本市场以中小投资者为主，依法维护中小投资者合法权益，保障资本市场公开公平公正的良好秩序，营造法治化的营商环境，是人民法院职责之所在。下一阶段，我们将重点推进以下几项工作。

一是全面落实对资本市场违法犯罪行为"零容忍"要求。近年来连续发生多起上市公司财务造假案件，严重损害了投资者的合法权益，危及资本市场的健康稳定发展，影响极为恶劣。国务院金融稳定发展委员会多次强调对资本市场违法犯罪"零容忍"，并提出一系列"零容忍"的具体措施，形成"组合拳"。证券集体诉讼制度为权利受损的中小投资者提供了便利、低成本的维权渠道，其"聚沙成塔、集腋成裘"的赔偿效应能够对证券违法犯罪行为形成强大的威慑力和高压态势。《民事诉讼法》第 53 条、第 54 条规定了普通代表人诉讼，《证券法》第 95 条第 3 款规定了"默示加入，明示退出"的特别代表人诉讼，为我国证券集体诉讼制度的完善提供了法律依据。司法解释通过详细规定具体的程序规则，为各级人民法院正确实施法律，统一裁判尺度，提高证券集体诉讼质量和效率，提供具有可操作性的指引，使证券集体诉讼制度落到实处。《最高人民法院关于为创业板改革并试点注册制提供司法保障的若干意见》中明确提出，支持依法加大对欺诈发行股票、债券罪，违规披露、不披露重要信息罪以及提供虚假证明文件罪追究刑事责任的力度，并对依法从严惩治申请发行、注册等环节易产生的各类欺诈和腐败犯罪，提出了具体举措，还对相关司法解释和司法政策的修改完善以及典型案例的发布提出了要求。同时，重点围绕创业板信息披露特点，厘清不同责任主体对信息披露的责任边界，区分不同阶段信息披露的不同要求，严格落实发行人及其控股股东、实际控制人等相关人员信息披露的第一责任和证券中介机构保护投资者利益的核查把关责任。

二是高度重视新《证券法》的贯彻落实，及时研究出台相关司法解释。新《证券法》于 2020 年 3 月 1 日开始施行,“升级版”的《证券法》出炉标志着我国资本市场在市场化、法治化的道路上又迈出至关重要的一步。作为资本市场的根本法,完成大修的证券法直击市场痛点难点,进一步完善了证券市场基础制度。新《证券法》在证券定义、注册制改革、投资者保护和违法惩戒方面都有所突破。在提高投资者保护水平方面,修订后的《证券法》新设“投资者保护”专章,大幅度提高投资者保护水平,其中增加规定了投资者适当性原则、投资者区分、征集代理投票权、债券持有人会议和受托管理人、先行赔付、支持诉讼、投资者保护机构的派生诉讼和证券代表人诉讼等制度。我们通过各种形式对审判人员进行业务培训,密切联系审判工作实际,真正做到融会贯通。《最高人民法院关于审理证券市场因虚假陈述引发的民事赔偿案件的若干规定》自 2003 年施行以来,在正确审理证券市场因虚假陈述引发的民事赔偿案件,规范证券市场民事行为,保护投资人合法权益方面发挥了积极作用。但在新《证券法》颁行后,我们将在总结 10 余年证券司法实践经验的基础上,研究修订该司法解释。

三是积极推进证券民事诉讼信息化平台建设。最高人民法院将依托信息化技术,与中国证监会协调,联合开发信息化工作平台,开展立案登记、诉讼文书送达、公告和通知、权利登记、执行款项发放等工作,便利当事人行使诉讼权利、履行诉讼义务,提高审判执行的公正性、高效性和透明度。真正实现“让数据多跑路、让投资者少跑腿”“以看得见的方式实现公平正义”等工作目标。

各位同仁,在大家的支持与帮助下,通过各级人民法院和市场各方的共同努力,相信证券审判工作可以为建设一个规范、透明、开放、有活力、有韧性的资本市场提供优质的司法保障,为我国资本市场繁荣稳定、经济社会健康发展作出更大的贡献。

最后,预祝本次论坛取得圆满成功,谢谢大家!

上海市委常委、副市长吴清在第三届中小投资者服务论坛上的致辞

吴　清*

各位来宾，女士们、先生们：

大家上午好！非常高兴参加第三届中小投资者服务论坛。首先我在这里谨代表上海市委市政府，对中小投资者服务论坛的召开表示热烈的祝贺。同时对全国人大、最高人民法院、中国证监会等长期以来对上海国际金融中心建设的关心和支持表示衷心的感谢。

健全的法律制度是一个国家资本市场繁荣稳定的重要保障。2020 年 3 月 1 日，新《证券法》正式实施，标志着中国资本市场在法制化的道路上迈出了坚实的一步。本届论坛聚焦“落实证券法实施、促进投资者保护”的主题，深入探讨如何持续推动资本市场改革，创新投资者保护工作体制机制，这必将对进一步规范市场主体行为，提升投资者法治理念，保护投资者合法权益，切实发挥资本市场服务实体经济的作用，具有非常积极的意义。

按照国家部署要求，2020 年上海将基本建成与我国经济实力和人民币国际地位相适应的国际金融中心。国际金融中心建设目标的实现离不开法治保障，最佳金融创新、最优监管体制、最高金融效率都需要法治保障。

近年来，上海在打造金融法制和监管环境方面积极探索，扎实推进，颁布实施了《上海市推进国际金融中心建设条例》和《上海市地方金融监督管理条例》，先后成立了上海金融法院、金融仲裁院、破产法庭、金融检查处等专业机构，人民银行征信中心、金融消费者权益保护局、中证中小投资者服务中心等纷纷落户上海，金融法制和

* 上海市委常委、副市长。

监管治理水平显著提升,信用与消费者保护体系持续健全,市场化、法制化、国际化的营商环境加快建设。

当前上海国际金融中心建设正处在提升功能和竞争力的关键时期,我们重点围绕建设全球资产管理中心、跨境投融资服务中心、金融科技中心、国际保险与再保险中心、全球人民币资产定价及支付清算中心、金融风险管理与压力测试中心等 6 大中心和国际一流的优良金融生态系统这样的目标,以提升金融市场国际化水平为核心,以扩大对外开放和推进人民币国际化为关键,全面强化上海配置全球金融资源的能力,我们将进一步优化与全球主要金融市场的互联互通,增强人民币资产的全球定价能力,打造人民币金融资产配置和风险管理中心。

我们将大力推进重要基础设施的跨境合作,增强全球和区域金融服务能级,强化金融基础设施建设。我们将全面打造开放枢纽门户,争取在人民币自由使用和资本项下可兑换方面先行先试,统筹建设在岸和离岸业务枢纽。我们将积极探索更加灵活的金融政策体系、监管模式和管理体制,进一步优化金融中心的发展软环境。

上海国际金融中心建设是一项长期的系统性的工程,既需要专家智慧、世界眼光,也离不开中小投资者的广泛参与。我们真诚希望通过本次论坛凝聚社会各界力量,为金融市场投资者保护工作提供真知灼见,为上海国际金融中心建设的新征程出谋划策。

最后预祝本次论坛取得圆满成功,谢谢大家。

中国证监会副主席阎庆民在第三届中小投资者服务论坛上的致辞

阎庆民*

尊敬的新华副主任委员、贵祥专委、吴清副市长,各位嘉宾,女士们、先生们:

大家上午好!很高兴参加第三届中小投资者服务论坛。在此,我谨代表证监会对本次论坛的举办表示祝贺,向在疫情防控背景下,通过线上线下参加本次论坛的各位嘉宾表示热烈欢迎!2020年是我国打好三大攻坚战的决胜之年,是资本市场深化改革推进年,也是新《证券法》实施首年。本次论坛以"落实证券法实施　促进投资者保护"为主题,聚焦资本市场法治保障,对于增强市场参与各方法律意识,依法保护投资者合法权益具有重要意义。

市场经济是法治经济,资本市场是市场经济的高级形态,资本市场交易双方的信息不对称更需要法律规则加以保障。党中央、国务院高度重视资本市场法治建设,习近平总书记指出,"要建设一个规范、透明、开放、有活力、有韧性的资本市场,完善资本市场基础性制度,把好市场入口和市场出口两道关,加强对交易的全程监管"。党的十九届四中全会明确,加强资本市场基础制度建设。刘鹤副总理也对资本市场提出"建制度、不干预、零容忍"的方针,其核心就是要依法治市。新《证券法》在系统总结我国证券市场改革发展、监管执法、风险防控的实践经验,深入分析市场运行规律和发展阶段性特点的基础上,对一系列基础性制度作出系统性的修订和完善,为资本市场全面深化改革实施落地、防范市场风险、促进资本市场服务实体经济功能发挥,提供了坚强的法治保障。

保护投资者合法权益是《证券法》的核心目标。新《证券法》不仅在证券发行、上

* 中国证监会副主席。

市、交易、信息披露、监管执法等各环节充分体现了这一立法宗旨,更是立足我国中小投资者众多的现实情况,增设了"投资者保护"专章,通过构建更加丰富的责任实现形式和权益救济机制,就投资者民事赔偿等问题作出诸多适应我国国情的重大探索与制度创新,突出了保护投资者在证券法中的重要地位。从某种程度上讲,新《证券法》本质上就是一部投资者权益保护法。

2020年以来,证监会把学习贯彻落实新《证券法》作为工作重点,在立法、司法机关的大力支持和配合下,不断强化依法治市,促进资本市场法治环境持续改善。一是着力增强法治供给。把完善新《证券法》配套规则与加强资本市场基础制度建设结合起来,分两批打包废止修改60件证券期货规章制度,发布部门规章12个。随着《民法典》出台、《刑法修正案(十一)》完成一审,资本市场正在形成"行政处罚+民事赔偿+刑罚"的法治供给闭环,证券违法违规成本显著提升。二是对恶性违法违规行为保持"零容忍"打击。上半年证监会共作出行政处罚决定30项、市场禁入决定8项。集中力量查处了康美药业、獐子岛、康得新等一批市场高度关注、影响恶劣的重大财务造假案件,不断净化市场生态。上市公司控股股东、实控人、董监高等"四个敬畏"的理念开始深入人心,上市公司质量有所提升。三是投资者保护力度进一步加强。创业板、"新三板"改革平稳落地,以股票发行注册制改革为核心构建起发行承销、交易、持续监管、退市和投资者保护等一整套制度安排。私募基金、债券违约、交易场所等风险化解取得积极进展。推动放宽各类中长期资金入市,使市场交易更加活跃。扎实做好证券代表人诉讼制度落地各项准备。成立全国性证券期货纠纷调解组织。资本市场投融资均衡的新生态正在形成。

各位嘉宾,各位朋友!

新冠疫情加剧了全球经济金融不稳定,以习近平同志为核心的党中央深刻把握世界大势和发展规律,在习近平总书记亲自部署、亲自指挥下,抗击疫情取得了明显成效,同时着眼我国经济中长期发展,作出加快形成以国内大循环为主体、国内国际双循环相互促进的新发展格局的重大战略部署。资本市场作为居民资产配置、财富保值增值的重要场所,也迎来新的发展机遇。下一步,证监会将深入贯彻党中央决策部署,在国务院金融委的统一指挥协调下,积极推动相关基础制度改革,发挥资本市场枢纽作用助力打通经济金融循环点,以贯彻落实新《证券法》为契机,进一步提升上市公司治理水平,强化民事赔偿和刑事追责,加快形成"制度健全、精准有效、内外协同"的投资者保护格局。

一是健全完善投资者保护制度机制,倡导和弘扬资本市场法治文化。抓好新《证券法》原则规定的细化落实,加快有关配套措施的制定、修改。推动投资者保护机构代表投资者提起证券民事赔偿诉讼制度尽快落地。加快制定欺诈发行责令回购办法。细化交易所、行业协会、投保机构等单位的自律规则及业务细则。研究建立投资者保护专项补偿基金,为投资者提供更便捷的救济机制。同时监管部门要深入开展法制宣传教育,提高市场参与者诚信守法意识,依法决策、依法行政;市场经营主体要依法经营、依法治理;广大投资者要知法用法,依法表达利益诉求、维护自身权益。

二是加强日常监管,构建资本市场良好发展生态。加快转变监管职能,坚持市场化法治化的原则,努力提高监管的适应性。用足用好新《证券法》规定的执法手段和法律责任规定,围绕提高上市公司质量的目标,从严查办欺诈发行、财务造假等违法行为,加大对恶性操纵市场及内幕交易等严重违法违规行为打击力度,将法律条文由“纸面上的法”转变为“市场运行中的法”。进一步健全退市机制,促进上市公司优胜劣汰。在做好融资端改革的同时,在投资端推出更多务实举措,推动各类长期资金入市,畅通境外主体直接投资渠道,为资本市场健康发展引入更多源头活水。

三是加快信息技术与投保工作融合,为投资者提供更有温度的服务。逐步建立全国投资者数据库,整合系统数据资源,及时把握投资者行为结构以及教育、维权、调解、诉讼等工作动态,准确了解投资者的实际情况和切实需求,准确发现制约投资者权益保护的主要矛盾和“瓶颈”问题,用定量的方法为投资者保护工作提供数据支持。推动完善在线咨询、法律援助等工作,使投资者维权从“线下跑”到“网上办”转变。推广小额速调,探索实践无争议事实记载、调解前置等机制,使投资者能够得到快速赔偿。

四是加强内外协同联动,不断完善资本市场法治环境。要构建一个投融资均衡发展、市场交易高效透明、各类投资者积极参与的市场生态,需要立法、司法、执法、媒体以及市场参与各方的有效配合和互动。各方职能虽各有不同,但功能是互补的,目标是一致的,只有加强统筹协调,才能充分调动并有效配置各方面资源,充分发挥制度优势,使政策协同效应最大化。

民生无小事,枝叶总关情!同志们,新《证券法》的修订实施只是走完了“科学立法”的第一步,其所孕育的新变化新机制尚需通过“严格执法、公正司法、全民守法”

予以落实。让我们大家一起努力,聚焦广大投资者的合理需求,在宏观层面统筹协调,有力引领,在微观层面多点突破,积极作为,为投资者带来更多的获得感,确保投资者权益保护工作取得实效。

最后,预祝第三届中小投资者服务论坛圆满成功。

谢谢大家!

I 精彩观点

INVESTOR

中国期货业协会会长洪磊在第三届中小投资者服务论坛上的发言

洪　磊*

尊敬的各位领导,女士们、先生们:

很高兴通过互联网与各位同仁见面,共同探讨"落实证券法实施　促进投资者保护"的话题,继续推进资本市场投资者教育保护工作。在此,我谨代表中国期货业协会热烈祝贺第三届中小投资者服务论坛顺利召开,对本次论坛的组织和支持单位表示诚挚感谢!

开年以来,面对新冠肺炎疫情肆虐、国际贸易投资受阻、金融市场波动剧烈等多重考验,我国资本市场保持了正常开市和平稳运行,市场治理能力不断提高,投资环境充满活力,投资者的信心和活跃度都有增强。党的十九大明确提出"必须坚持以人民为中心的发展思想",保护投资者合法权益正是人民性的体现。证监会易主席曾在公开讲话中强调:"投资者是资本市场发展之本,尊重投资者、敬畏投资者、保护投资者,是资本市场践行以人民为中心发展思想的具体体现,也是证券监管部门的根本监管使命。"因此,保护好投资者尤其是中小投资者的合法权益,是资本市场的出发点和落脚点,也是监管和自律工作的出发点和落脚点,做好这项工作的核心就是要建立以信义义务为核心的法治环境。

信义义务是资本市场法治化进程中不可或缺的要素,是金融机构忠实于投资者利益、恪尽勤勉与服务责任的必然要求。目前,我国直接融资和间接融资的不平衡格局正在改变,同时带来了风险承担逐步由机构向由投资者的转变。投资者将财产的处置权托付于管理人,这是一种高度的信任,这就要求受托人必须严格履行信义义

---

* 中国期货业协会会长。

务。信义义务的行为标准比合同义务要求更严格,需要通过立法、行政和自律规则来确立。从2019年11月14日发布的《全国法院民商事审判工作会议纪要》(以下简称《九民纪要》)到新《证券法》颁布,法治建设不断强化,并细化到公司治理和内控等具体落实环节中。规则严密、标准明确、执行严格,将成为投资者保护的重要保障。下面,我结合对新《证券法》投资者保护制度设计的理解,以及期货及衍生品行业加强投资者保护工作的思考,谈几点认识。

一、新《证券法》的出台,推进了证券市场的市场化法治化改革,构建了更为严密的投资者保护体系

2020年是我国资本市场建立30周年,也是新《证券法》实施元年。新《证券法》体现了多年以来证券市场在改革发展、监管执法和风险防控等方面的实践经验,为我们保护投资者权益提供了重要启示。

一是明确机构的信义义务和举证责任。新《证券法》对普通投资者和专业投资者作出不同的权益保护安排,实现与投资者适当性管理的相互匹配。证券经营机构在与普通投资者发生纠纷时需要"自证清白"。二是创新探索出的证券民事诉讼制度,强化了投资者维权的话语权和主动权,落实了对资本市场违法犯罪行为的"零容忍",有效震慑了财务造假、披露不实等危害市场的行为。三是提高违法违规成本、加大惩处力度,从源头切断了损害投资者权益和资本市场的动机。这些制度安排有利于加大违规机构的法律责任,迫使机构遵守诚实守信、勤勉尽责的基本准则,也就是对融资主体和中介机构的信义义务提出了更高、更明确的要求,这对于增强投资者保护、提升投资者信心、完善整个资本市场信用环境具有极大促进作用。

二、新《证券法》的思想内核和制度创新,对期货及衍生品市场的顶层设计有积极借鉴作用

随着新《证券法》颁布,《期货法》的制定也加快了进程。我国的期货市场和证券市场有相似性,投资者都是以"散户"为主,特点是投机性强,专业性、成熟度和风险管理能力弱,需要更审慎全面的法律保护措施。新《证券法》中许多关于投资者保护的成熟经验就可以直接借鉴到《期货法》立法中,具体有以下几点。

一是在立法中确立全面的投资者保护和教育体系,明确法律主体责任,从市场参与、经营、自律和监管等多个角度,全方位保障维护投资者权益举措的落地。二是分类保护投资者,降低投资者维权成本。“举证责任倒置”“集体诉讼”等原则为期货及衍生品市场解决“举证繁”“维权难”等问题提供了借鉴。三是强化机构全面的主体责任和诚信义务,让投资者适当性管理更加充分。期货及衍生品产品结构复杂、不易于理解,期货经营机构更应当充分了解投资者的需求、充分揭示投资风险,并向合适的投资者提供相匹配的衍生品或服务。四是落实自律组织的责任,规范自律组织建设。新《证券法》对证券行业自律组织的功能职责作出了更详细的规定,这也督促我们要将法治建设内化到协会的工作中,既要进一步规范组织内部职能,又要在自律、服务、传导中自觉落实法律要求,形成内外一体遵纪守法的良好生态。

三、以保护投资者为出发点,大力推进我国期货及衍生品市场发展,增强服务实体经济能力

根据海外成熟市场的经验,金融在现代经济中的发展会经历三个阶段。第一阶段:当经济发展处于工业化阶段,银行在金融体系中会发挥着绝对主导作用,它能有效地将储蓄转化为投资,具有集中力量办大事的优势,满足大规模投资需要。第二阶段:当大规模工业化过程完成,经济发展更多依靠创新和细分市场过程中,资本市场在资源配置中将发挥决定性作用,风险承担者开始由机构转向投资者,以基金为代表的资产管理行业登上历史舞台。第三阶段:随着资本市场机构化进程进一步加快,市场博弈由散户主导逐步转向机构投资者主导,这就对资产配置、产品定价和流动性提出了更高要求,复杂的结构化产品设计、深度参与衍生品市场就成为中介机构更好服务投资者的必然选择,这一阶段的期货及衍生品市场将发挥更大功能作用。我国金融市场的发展,已经开始由第一阶段向第二阶段转变,向第三阶段迈进的趋势也初步显现。从今年的疫情防控及经济复原阶段可以看出,企业避险需求上升,更多企业运用合作套保管理经营风险,机构及投资者参与期货及衍生品市场需求前所未有地提升。

面对这种趋势,协会作为自律管理重要力量,应当承担更多责任、发挥更大的作用。具体可以开展以下三方面工作。

一是搭建行业信用评价体系,弘扬行业信义文化。早年期货市场的发展条件不

足、监管缺失,爆发了很多问题,行业规范和信用度较差。当前,期货市场要改变形象、更好地发挥服务实体经济的功能作用,首先要加强信用建设。协会可以发挥贴近行业和会员这个优势,向行业提供信用服务,从合规性、稳定性、专业性和信息披露等四个维度记录机构信用情况,以出具信用报告的形式替会员机构背书、给其增信,进而提升行业与协会的公信力和影响力。在此基础上搭建自律规则体系,明确自律管理标准,建立信用管理和监督机制,就更有底气、更能见成效。

二是优化协会信息化管理服务水平,打造"一站式"数据服务"网上协会"。信息透明度是衡量一个行业健康发展的重要标尺。协会2020年开展的作风问题专项整治工作,就将完善网站建设、增强行业信息透明度、提升会员服务质量作为作风整治重点任务之一,目标是打造行业拥护、市场欢迎、监管信赖、社会公信的行业协会。通过网站升级改造,投资者可以更便捷地在协会官网上找到各类信息,包括机构、从业人员信息及诚信数据,行业数据及研究报告,政策法规及自律规则,投资者适当性管理,协会投诉接待及问题解答、纠纷调解等。这是顺应行业发展趋势,投资者教育和保护工作的创新,也是提升自律管理工作效率的必要之举。

三是加强机构及从业人员自律管理,维护行业良好发展秩序。协会2017年年底发布了《期货经营机构投资者适当性管理实施指引》,近几年开展了大量投资者适当性培训、讲座、线上测试等教育工作,并通过现场检查督促期货公司完善适当性制度的执行落实,取得了积极效果。下一步,随着品种更新和投资者的多元化发展,协会将在自律管理手段上进一步强化,明确现场检查、违规处理、投诉调解等工作流程,细化完善自律规则。大力开展行业宣传、传播正确投资理念,促进行业合规及廉洁文化建设。加强居间人服务商等期货服务机构自律监管,目前协会已经完成了居间人管理自律规则初稿,处于意见征求阶段。

朋友们!做好投资者保护工作需要多方合力、多措并举。中国期货业协会将紧紧围绕证监会关于资本市场保护投资者工作的核心指导和要求,顺应新形势下期货及衍生品行业的快速发展,以建设行业信用体系、强化机构信义义务为重点,扎扎实实做好期货行业自律监管和投资者教育保护服务工作,建设规范、透明、开放、有活力、有韧性的资本市场。

谢谢大家!

中国证监会投资者保护局局长赵敏在第三届中小投资者服务论坛上的发言

推动落实证券集体诉讼制度　共同维护投资者合法权益

赵　敏*

各位来宾、各位朋友：

大家上午好！非常高兴参加第三届中小投资者服务论坛。2020 年是新《证券法》实施首年，本次论坛紧扣“落实证券法实施　促进投资者保护”这一主题进行研讨，很有意义。借此机会，我就贯彻落实新《证券法》、积极推进证券集体诉讼工作和大家交流几点看法：

一、新《证券法》是一部实实在在的投资者保护法

新修订的《证券法》进一步完善证券市场基础制度，在发行交易、信息披露、公司治理、监管执法等各个环节完善了投资者保护制度安排，设立了投资者保护专章，对长期以来投资者保护工作中的重点难点问题进行了系统性规定。

一是明确了证监会“依法开展投资者教育”的职责，明确了投资者保护机构的法律地位和职能；二是建立了中国特色的证券集体诉讼制度，同时还明确了先行赔付、行政和解、专业调解等多种维权救济路径；三是强化市场违法违规主体的民事责任，明确发行人的控股股东、实际控制人在欺诈发行、信息披露违法中的过错推定责任，新增相关主体不履行公开承诺应赔偿投资者损失等规定；四是将投资者适当性管理

---

* 中国证监会投资者保护局局长。

制度入法,确立“卖者有责,买者自负”的原则,实行举证责任倒置,加大对证券公司违反适当性义务的处罚力度;五是建立了股东权利征集制度,完善了股东派生诉讼制度。这些规定为投资者保护提供了基本遵循和制度保障。

二、充分认识证券集体诉讼制度的重要意义

在新《证券法》中,社会各方最关注的制度之一,就是具有中国特色的证券集体诉讼制度。这项制度,一是有利于弥补证券民事赔偿救济乏力的基础制度短板,强化民事责任追究,形成行政执法、民事追偿和刑事惩戒相互衔接的有机体系,为全面深化资本市场改革提供强有力的司法保障;二是有利于提高资本市场违法违规成本,能够有效遏制欺诈发行、财务造假等资本市场“毒瘤”的滋生,督促上市公司诚信守法经营,依法披露信息,提高公司治理水平;三是有利于营造良好营商环境,通过市场化、法治化方式“一揽子”解决民事赔偿纠纷,着重“追首恶”,让操纵上市公司违法的实控人承担主要赔偿责任,避免给公司造成“二次伤害”,解决众多受损投资者分散投诉、多头维权的问题,维护区域金融稳定和社会稳定。

同时,我国证券集体诉讼制度,是以公益性投资者保护机构为代表人的,能够大幅度降低受损害投资者的维权成本和诉讼风险,为投资者提供了一种经济、方便、公平、有效的司法解决路径。这既是保护投资者特别是中小投资者合法权益的重大制度创新,也是务实为民、践行以人民为中心理念的具体体现。

三、抓紧推进证券集体诉讼制度的落地实施

国务院金融稳定发展委员会第36次会议明确提出,对资本市场违法犯罪行为“零容忍”,对典型重大、社会影响恶劣的个案,要依法及时启动集体诉讼。最高人民法院和中国证监会高度重视这项工作。2020年7月31日,最高人民法院出台了《关于证券纠纷代表人诉讼若干问题的规定》。证监会成立了会领导任组长的工作领导小组,抓紧推进相关工作。

一是制度先行,统筹推进制度建设。证监会积极配合支持证券集体诉讼司法解释制定工作,并于司法解释发布当天,同步发布了《关于做好投资者保护机构参加证券纠纷特别代表人诉讼相关工作的通知》,投保机构发布了《中证中小投资者服务中

心特别代表人诉讼业务规则(试行)》。司法解释系统规定了案件类型、管辖法院、代表人选取、具体诉讼程序等制度安排;证监会通知,则侧重从规范系统单位的角度,对投保机构的范围、参与诉讼的原则、工作保障机制等作出规定;投保机构业务规则,规定了代表人的权利义务、案件选择机制、诉讼活动程序等。三个层次的制度相互协调,有效衔接,实现各环节全覆盖,为开展诉讼实践做好了制度准备。

二是研究论证,明确案件选取标准。为了确保证券集体诉讼试点工作稳妥有效,我们多次召开专题会、论证会,组织投资者调查,充分听取各级法院、地方政府、律师、专家学者、投资者等的意见。大家普遍建议,要结合证券市场监管执法实际和现有司法解释规定,将虚假陈述特别是财务造假类案件作为重点考虑的案件类型,具体应该考虑违法行为性质的严重程度、社会影响的恶劣程度、投资者受损害的程度以及诉讼的可操作性等。

三是齐心协力,把实践准备工作做细做实。依法及时启动证券集体诉讼,党中央高度重视,社会各界广泛关注,广大投资者热切期盼。证券集体诉讼的起诉受理、财产保全、判决执行等相关工作,都离不开法院系统的大力支持,也离不开地方政府的全力配合。证监会明确了投保机构的范围和分工,督促指导两家投保机构积极开展各项准备工作。试点初期拟由中证中小投资者服务中心作为诉讼主体,负责参与代表人诉讼,中国证券投资者保护基金公司负责损失测算等后台支持工作。目前,中证中小投资者服务中心建立了选案决策机制,规范了内部管理制度,完善了技术系统,聘请了公益律师,开展了诉讼模拟演练和业务培训,做好了各项准备工作。

目前,证券集体诉讼主要是针对典型、重大、社会影响恶劣的案件,而非所有证券市场的民事赔偿案件。投资者依法维权的渠道很多,不仅有单独诉讼、共同诉讼、支持诉讼、示范判决等司法审判机制,也有当事人和解、行业调解、专业调解、先行赔付等非诉纠纷解决机制。集体诉讼是证券纠纷多元化解机制中的一种类型,不影响其他纠纷解决方式积极发挥作用。广大中小投资者可以基于自身需要,自由选择任一诉讼或非诉方式解决纠纷。

同志们,贯彻新《证券法》,推动落实证券集体诉讼制度,需要社会各方的理解、配合、支持,也衷心地希望通过此次论坛能够带动更多人了解、关注、参与这项工作。

最后,预祝论坛圆满成功!

谢谢大家!

上海证券交易所副总经理阙波在第三届中小投资者服务论坛上的发言

深入贯彻实施新《证券法》　构建投资者保护新格局

阙　波*

各位领导、各位同仁：

大家好！很高兴参加第三届中小投资者服务论坛。2020年是中国资本市场建成30周年，30年来我国资本市场取得了长足发展。随着新《证券法》的实施，金融供给侧结构性改革的推进，资本市场"深改12条"的落实，我国资本市场的市场化、法治化建设正在迈上新的台阶，焕发新的活力。此次论坛以"落实证券法实施　促进投资者保护"为主题，具有很强的针对性和现实意义。借此机会，结合论坛主题，谈几点认识和体会。

一、新《证券法》体现了鲜明的改革导向，将有效促进我国资本市场稳定发展和投资者权益保护

新《证券法》深入贯彻中央全面深化改革要求，以注册制改革为龙头，完善建立了一系列资本市场基础性制度，既是我国资本市场全面深化改革的重要保障，也对长期以来市场和投资者普遍关注的一系列问题作出了及时回应。

一是融入注册制改革新理念。注册制的本质是厘清政府和市场的基本关系，有效发挥证券市场的价格发现功能，让投资者自主作出投资判断。新《证券法》吸收了

* 上海证券交易所副总经理。

科创板试点注册制改革成果，取消了不必要的发行上市门槛，对注册制的实施范围和步骤作出了授权规定，为资本市场后续改革留出了必要的法律空间。

二是提供市场发展的新保障。一方面，设置信息披露专章，重构了以信息披露为核心的监管框架及配套机制，并贯穿于发行上市、持续监管、退市、并购重组、再融资等重点环节；另一方面，显著提高证券违法违规成本，比如，对于上市公司信息披露违法行为，顶格罚款金额从60万元提高至1000万元；又如，明确了上市公司控股股东、实际控制人在欺诈发行、信息披露违法中承担过错推定责任、连带赔偿责任。

三是创立投资者保护新制度。这是此次修法的一大亮点。新《证券法》设置了投资者保护专章，在总结我国投保经验基础上，结合市场发展阶段性特征，构建了包括投资者适当性、表决权征集、债券持有人会议、先行赔付等较系统的投资者保护制度。特别是建立了中国特色的证券代表人诉讼制度，赋予投保机构提起特别代表人诉讼的职能，投资者以"默示加入，明示退出"的方式参与诉讼，维权动力更足，维权成本更低，维权效果也将更好。

二、上交所深入贯彻实施新《证券法》，坚决将自律管理、市场服务和投资者保护要求落到实处

新《证券法》适应注册制改革的需要，明确了交易所的自律管理职责，丰富了交易所的自律管理措施，强化了交易所职责履行的约束和规范，为交易所更好履行新时代使命指明方向。新《证券法》实施以来，上交所按照中国证监会统一部署，积极抓好以下工作。

一是认真落实注册制改革部署。充分发挥科创板试点注册制试验田功能，初步形成了可复制、可推广的经验，推动改革向纵深迈进。坚守科创板定位，充分体现科创板发行上市条件的包容性，推动一批"硬科技"企业登陆科创板。坚持以信息披露为核心的理念，推进"科创板审核2.0"，提高审核质量和效率，审核标准更完善、透明度更高。坚持市场化的发行承销机制，促进市场合理定价。坚持高效的并购重组和灵活的股权激励机制，优化科创板公司持续监管。截至2020年8月25日，科创板上市公司达到159家，总市值逾2.84万亿元。

二是完善交易所自律管理规则。根据新《证券法》的规定，推进交易规则等基本业务规则及配套细则的制定和修改，全面夯实发行上市审核、持续监管、交易组织和

会员管理等方面的自律管理规则基础,清理不适应证券市场发展的业务规则。目前,已新制定业务规则26件,修改规则10件,集中废止了13件业务规则和33件业务指南。公布监管和市场服务事项清单,全面公开职责清单,精简优化办理要求,推进"阳光监管、友好服务"。

三是优化和改进一线自律监管。贯彻落实新《证券法》的"放管服"要求,全面提升监管服务的透明度,实现科学监管、精准监管,并充分保障监管对象合法权益。在服务上市公司的同时,管住管好该管的公司,强化财务信息披露监管。优化交易监管,提升市场活跃度,分步骤推进异常交易监控标准公开。完善会员监管,开展会员客户交易行为管理情况评价。

四是加强新《证券法》实施的普及。以投资者需求为导向,组织开展了一系列新《证券法》普及宣传活动。编辑出版新《证券法》知识普及读本,以浅显易懂的语言解读法律条文;策划推出新《证券法》微课、广播节目和直播活动,累计观看人次超过1亿;组织开展新《证券法》知识竞答,吸引超过1亿人次参与,有效引导投资者学法、知法、守法。

三、进一步贯彻落实好新《证券法》,为推进资本市场全面深化改革、更好保护投资者权益贡献力量

当前,全球疫情蔓延势头仍在加剧恶化,国际经济复苏的不确定性仍在增加,我国经济面临的困难挑战仍较突出,完成资本市场改革发展稳定各项任务需要付出更大努力。下一步,上交所将深入贯彻"建制度、不干预、零容忍"的方针,认真落实新《证券法》规定的各项职责,在中国证监会统一领导下,扎实推进改革、创新、开放、监管和服务等各项工作,更好支持实体经济高质量发展,更好维护投资者各项合法权益。

一是持续推进科创板注册制改革,加大支持鼓励具有科创属性的新经济企业登陆科创板,并通过科创板做优做强,持续推进科创板审核工作提质增效和交易制度创新,加快建立长期投资者制度,为在全市场推行注册制继续积累经验。

二是坚持规范与发展并重,完善交易所自律管理规则体系,全面清理"口袋政策"和"隐形门槛",进一步提高监管和服务的公开性和透明度。

三是密切关注市场风险,加大对内幕交易、市场操纵等违法行为的线索核查力

度，加强对信息披露违规、异常交易行为的自律监管，努力营造法治诚信的市场环境。

四是加强投资者教育和保护，持续开展普法宣传，有效支持证券代表人诉讼制度等投保制度落地实施，努力培育理性投资、价值投资和长期投资的市场投资生态。

各位领导，各位同仁！新《证券法》的实施开启了资本市场发展的新时代。站在新的历史起点上，让我们共同携手，宣传好、贯彻好、实施好新《证券法》，推动构建我国资本市场全面深化改革和投资者保护工作新格局，以实际行动迎接中国资本市场建立30周年！

谢谢大家！

深圳证券交易所副总经理李鸣钟在第三届中小投资者服务论坛上的发言

李鸣钟*

尊敬的各位领导、各位嘉宾：

大家上午好！

感谢主办方的邀请，非常荣幸与各位专家同仁相聚第三届中小投资者服务论坛。2020年3月1日，新《证券法》正式施行，这是我国资本市场改革发展历史上一件具有里程碑意义的大事。新《证券法》系统总结了资本市场改革发展经验，在深入分析市场运行规律和发展阶段性特点的基础上，作出一系列新的制度安排，为更好发挥市场在资源配置中的决定性作用，完善资本市场投融资功能等提供了法制保障。新《证券法》在加强投资者权益保护方面作出的系统性完善，将对我国资本市场健康发展产生深远影响。本次论坛以“落实证券法实施　促进投资者保护”为主题，有助于深化对立法精神的理解，深入贯彻落实好新《证券法》。借此机会，与大家交流几点认识。

一、新《证券法》着力构建全方位、全链条的投资者保护制度

首先，新《证券法》构建了注册制下投资者保护新格局。新《证券法》在明确全面推行注册制，提高市场包容性的同时，强调发行人及上市公司应当充分披露投资者作出价值判断和投资决策所必需的信息，要求发行人及上市公司的控股股东、实际控制人约束好自己的行为，对于其违法违规行为，不但要受到严厉的行政处罚，还要承担欺诈发行、虚假信息披露等欺诈行为的民事赔偿责任，涉嫌犯罪的将移送司法机关追

---

* 深圳证券交易所副总经理。

究刑事责任。此外,新《证券法》压实中介机构市场“看门人”的法律职责,明确保荐人、承销的证券公司及其直接责任人员未履行职责时,应承担的过错推定责任、连带赔偿责任,并提高相应的违法处罚力度。

新《证券法》在确立资本市场进入注册制“新时代”的同时,全面加强对投资者全方位全链条的保护,要求市场各方归位尽责,对于共同构建投资者保护生态圈意义深远。

其次,新《证券法》设立专章强化投资者保护制度供给。一是加强事前保护,强化投资者适当性管理。新《证券法》首次写入投资者适当性管理制度,区分普通投资者和专业投资者,要求证券公司充分了解投资者情况,切实履行风险告知义务,并提供与投资者风险承受能力相匹配的产品与服务,筑起投资者保护的第一道防线。二是加强事中保护,着力补齐制度“短板”。新《证券法》规定了上市公司股东权利征集制度、完善上市公司现金分红制度、明确债券持有人会议和债券受托管理人制度等,针对性地加强了对股票、债券投资者的事中保护。三是加强事后保护,优化投资者救济途径。新《证券法》明确了证券代表人诉讼制度、证券调解制度及先行赔付制度,完善多元化投资者维权途径,为投资者事后权利救济提供了一系列法律保障。

二、深入领会新《证券法》下一线监管的新理念、新方向、新内涵

证券交易所的一线监管是维护市场秩序、保护中小投资者权益的第一道防线。新《证券法》将对资本市场监管理念和监管思维带来全方位的革新,并为交易所做好改革、监管、服务工作提出了新任务、新要求,贯彻落实好新《证券法》,成为当前及今后一段时期做好一线监管工作的出发点和落脚点。

首先,新《证券法》确立了监管新理念。注册制改革中“以信息披露为核心”的基本逻辑不仅体现在首次公开募股的发行审核环节,更要深化于持续监管环节。为顺应市场化法治化要求,需要加快实现面向重大性、针对性、简明性和有效性的监管理念、监管机制转型,打破惯性思维,实现透明、阳光化监管,优化改进监管流程,充分发挥新《证券法》的各项制度功能,切实让市场主体感受到实实在在的改革获得感。

其次,新《证券法》明确了信息披露监管新方向。信息披露制度是资本市场的“生命线”,是保护投资者的核心制度。新《证券法》增设专章规范信息披露,以投资者需求为导向,不断提高信息披露质量。信息披露主体的范围革新,需全方位强化信

息披露责任,促使推进精准监管;信息披露标准的全新界定,需进一步丰富简明易懂、及时公平的信息披露内涵,既要让上市公司减负,又要保证投资者看得清、读得懂;信息披露内容的充实完善,要求鼓励并规范自愿性披露,有效强化信息披露有效性和针对性。

最后,新《证券法》提供了放管服改革新内涵。新《证券法》取消了部分行政许可事项,深入推进简政放权,要求坚持市场化改革方向,能够通过市场手段解决的问题坚决"不干预"。市场化带来更多前端松绑的同时,必然要求后端持续监管的加强。"严监管"就是对投资者的"强保护",要建立严格公正的事中事后监管,紧盯关键少数,督促各方归位尽责,着力践行放管结合,深刻把握好"放的前提是管得住"原则,加强一线监管中对重大风险隐患和违法违规线索的探索发现能力,严格依法依规对违法违规行为"零容忍"。

三、深入贯彻落实新《证券法》,推动投资者保护制度安排落地

一是平稳推进创业板改革并试点注册制。创业板改革并试点注册制,是贯彻落实新《证券法》、全面深化资本市场改革承前启后的关键一步。在证监会统一领导下,深交所坚持"开门搞改革",悉心听取市场各方对主要规则的意见建议,统筹创业板改革长远目标和试点阶段性特征,兼顾存量市场特点和新增企业情况,一体推进发行、上市、信息披露、交易、退市等基础性制度改革,切实做好交易所层面相关业务规则及配套安排的起草制定、修订完善工作,筑牢夯实创业板改革并试点注册制各项基础制度。坚持"透明搞改革",做到审核标准、审核时间、审核状态、审核结果全链条公开透明。坚持"合力搞改革",联合市场各方力量做好相关工作,确保创业板改革并试点注册制平稳运行、有序推进、取得实效,服务创新创业和经济高质量发展。

二是加强市场基础制度建设。持续开展以上市规则为核心的自律监管规则优化完善工作,同时对创业板持续监管规则实施效果进行跟踪评估,打造架构清晰、简明高效的市场友好型规则体系。推进退市制度改革,优化退市标准,简化退市流程,加强退市监管。认真梳理规范业务流程,清理消除口袋政策,进一步提高监管透明度,切实让法治思维贯穿于一线监管全流程。

三是提升一线监管效能。认真贯彻落实新《证券法》,坚持严字当头,聚焦造假、欺诈、占用掏空等恶性行为,加强对业绩承诺履行、对外担保、商誉减值等高风险重点

领域的监管，盯紧上市公司的“关键少数”，加大违法违规处罚力度，保护投资者合法权益。强化科学监管、分类监管、精准监管，出台《上市公司风险分类管理办法》，修订发布《上市公司信息披露工作考核办法》，对持续规范经营的优质上市公司在融资、并购等方面提供更多便利，对乱象频出的问题公司和风险公司重点聚焦、严格监管，体现“扶优罚劣”监管导向。深化科技监管，加快企业画像三期项目开发建设，有效提升违法违规线索发现能力，切实将“零容忍”落到实处。

四是加大投资者保护力度。紧扣新《证券法》投资者保护要求，加强投保实践研究，积极支持相关制度完善和业务开展。深入参与公开征集股东权利规则建设工作，进一步细化明确业务开展原则、信息披露要求、征集程序、监管措施等核心内容，为公开征集活动平稳有序开展确立制度保障。推动建立多元化纠纷解决机制，全力配合特别代表人诉讼，为案件预研评估提供专业支持。

2020 年 8 月 24 日，创业板注册制首批企业已经顺利挂牌上市，改革举措从蓝图变为现实。未来，深交所将坚持以习近平新时代中国特色社会主义思想为指引，认真落实“建制度、不干预、零容忍”九字方针，在中国证监会统一领导下，按照“四个敬畏、一个合力”工作要求，完善基础制度体系，严格执行制度规则，强化以信息披露为核心的注册制理念，保障创业板注册制高质量运行。严厉打击欺诈发行、虚假披露等违法违规行为，强化监管震慑，净化市场生态。配合特别代表人诉讼等投资者保护机制落地实施，充分保护投资者合法权益，坚决维护公开公平公正的市场秩序，为建设一个规范、透明、开放、有活力、有韧性的资本市场积极贡献力量。

谢谢大家！

全国中小企业股份转让系统有限责任公司总经理徐明在第三届中小投资者服务论坛上的发言

认真贯彻证券法　积极推进“新三板”市场投资者保护

徐　明*

尊敬的各位领导、各位专家、各位来宾：

上午好！很高兴参加第三届中小投资者服务论坛。2020 年，我国资本市场最为重大的事件就是新《证券法》的颁布实施。目前，中国证监会系统和整个资本市场都在认真学习贯彻落实新《证券法》。本次论坛以“落实证券法实施　促进投资者保护”为主题，恰逢其时，意义重大。借此机会，围绕会议主题，我发言的主题是“认真贯彻证券法　积极推进‘新三板’市场投资者保护”，谈三点意见，不妥之处请大家批评指正。

一、新《证券法》是一部投资者保护法

众所周知，投资者是资本市场最基本的要素，更是资本市场存在的基础，是资本市场发展之本。没有投资者就不会有上市挂牌公司，更不会有中介机构。投资者的合法权益得不到充分的保护，投资者就会远离资本市场，资本市场最终将不可持续。因此，一个健康稳定、富有竞争力的资本市场，一定是投资者合法权益得到充分保护的市场。而投资者保护最重要的武器就是法律，法律能否对投资者权利和合法权益进行充分规定，是投资者能否得到保护以及保护到何种程度的根本。综观世界各国，

---

* 全国中小企业股份转让系统有限责任公司总经理。

证券法都以保护投资者为核心价值追求。例如,美国《1933 年证券法》的首要目的,是要求公布重大信息从而保护投资者,并且将保护投资者放在提高效率、促进资本形成之前。在国际证监会组织三项监管目标中,首要目标是保护投资者利益。我国的证券法律也充分体现了这一理念和追求,尤其是新修订的《证券法》更是体现了对投资者的充分保护,可以说,新《证券法》就是一部投资者保护法。与原《证券法》相比,新《证券法》在立法理念、立法对象、立法体例和立法制度上充满着突破和创新,体现了自己的特色。主要有以下四个方面。

(一)立法理念转变:从监管本位到投资者权利本位

修订前的《证券法》从当时的资本市场实际出发,更多地强调监管本位,重点规定各方参与主体的义务和责任安排,而对投资者权利等内容则着墨较少,导致法律中权利和义务配置相对失衡。新《证券法》在进一步简政放权、实行公开发行注册制的同时,对投资者的知情权、表决权、收益权、求偿权等进行了全面规定。比如,允许投资者保护机构等主体征集股东权利,代为行使提案权、表决权等,帮助中小投资者提高话语权、积极表达利益诉求;强调上市公司应当依照章程分配现金股利,保障股东的资产收益权;投资者保护机构可以自己名义提起股东代表诉讼,持股比例和期限不受公司法限制,也有利于中小股东权利的保障。这些安排,都体现了对投资者权利的重视和保障,体现了从监管本位到投资者权利本位的理念转变。

(二)立法对象转变:从注重发行人到重视投资者

修订前的《证券法》在规定对象上,存在"重发行人、轻投资者"的现象。修订前的《证券法》全文以发行人、上市公司为核心规制对象,证券公司、证券服务机构等次之,对于投资者的规定则较为少见,整部法律中涉及"投资者"的表述仅 28 次,并且"重行政、轻民事"的现象较为突出,投资者权益保护和救济存在制度缺失,不利于资本市场的长远健康发展。此次新《证券法》立足中国特色、借鉴国际经验,大幅增加投资者保护的内容,全文"投资者"表述出现 82 次,针对投资者信息不对称、容易受侵害、维权成本高、寻求救济难等问题进行了系统性规定和应对,彰显了加强资本市场投资者保护的决心。

(三)立法体例转变:从分散规定到专章集中体现

修订前的《证券法》关于投资者保护的条款散见于各章节,没有形成系统的投资者保护制度体系。新《证券法》的一大亮点,就是新设投资者保护专章,通过事前加强投资者适当性管理、事中保护各类股东权利、事后完善救济途径等多方面、全方位的制度安排,集中体现了证券法保护投资者的立法宗旨和核心追求。专章方式不仅通过集中规定投资者保护的相关内容,使执法者、守法者和社会各方觉得好看好查、方便使用,更重要的是起到了法律的宣示作用,增强社会各界的投资者保护意识,提升投资者保护的整体效能。

(四)立法制度转变:从一般性制度安排到重大制度创新

与修订前的《证券法》相比,新《证券法》投资者保护的最大亮点,是认真总结了我国资本市场投资者保护的现状和探索,在新《证券法》中进行了大量的重大制度创新,形成了中国特色的投资者保护新机制。例如,将投资者保护机构纳入证券法,针对中小投资者行权意识不强、维权成本较高等问题,规定投资者保护机构的多项职能,将投服中心等机构的有益实践法律化,赋予投服中心法律地位和法定权利;规定代表人诉讼,形成中国特色的集体诉讼机制,允许投资者保护机构作为诉讼代表人按照"默示加入,明示退出"原则,代表投资者进行损害赔偿诉讼,实现保护投资者和避免滥诉的统一;规定先行赔付制度,将投资者受偿的可能性变成现实,使投资者保护真正落到实处。

二、新《证券法》是"新三板"市场投资者保护的坚强基石

《证券法》修订前,"新三板"市场所依据的仅仅是行政法规,对违法违规追究责任的法律依据并不充分,投资者保护力度不够。新《证券法》的出台,对"新三板"市场进行了规定,为"新三板"市场的投资者保护提供了更加有力的法律保证,意义重大。

(一)新《证券法》提升了"新三板"市场法律地位,投资者保护更加"有法可依"

根据新《证券法》的规定,"新三板"作为目前唯一一家国务院批准的其他全国性证券交易场所,与证券交易所具有相同的法律地位。二者都可以组织公开发行证券的交易、挂牌公司与上市公司履行同等的信息披露义务、二者都依法实施自律管理等,从而确立了"新三板"场内、公开、独立市场的法律地位,使投资者参与"新三板"市场更加"有法可依",权益保障也具有了更加坚实的法律依据。新《证券法》对"新三板"市场定位的明确,是对"新三板"市场投资者最大的保护。

(二)新《证券法》关于投资者保护的具体内容适用于"新三板"市场

一是投资者保护专章的主要内容适用于"新三板"市场。该章关于普通投资者、

专业投资者的区分和证券公司投资者适当性管理义务等规定，适用于“新三板”市场；关于投资者权利救济的规定，包括普通投资者与证券公司纠纷的强制调解安排，以及代位诉讼、先行赔付、代表人诉讼和中国特色集体诉讼机制等，针对对象均为发行人、证券公司或投资者，也可以直接适用于“新三板”市场。

二是新《证券法》其他投资者保护规定也可适用于“新三板”市场。新《证券法》强化了注册制下的信息披露要求，发行人应当充分披露投资者作出价值判断和投资决策所必需的信息；规范公开承诺，明确发行人及其控股股东、实际控制人等应当披露公开承诺，不履行承诺给投资者造成损失的，应当依法承担赔偿责任；明确发行人的控股股东、实际控制人及保荐人在欺诈发行中的过错推定责任、连带赔偿责任等，这些制度的适用对象均为“发行人”“信息披露义务人”及其相关主体，均可适用于“新三板”市场。

（三）新《证券法》关于法律责任的规定同样适用于“新三板”市场

新《证券法》的亮点之一，就是加重违法违规者的法律责任，全面大幅提高违法违规成本，无论是倍数罚还是数额罚，无论是对机构还是个人均如此。例如，对于欺诈发行行为，从原来最高可处募集资金5%的罚款，提高到募集资金的一倍；对于信息披露违法行为，从最高60万元罚款提高到1000万元等。法律责任的加重能够进一步对违法违规起到震慑作用，使相关主体的投资者侵害行为有所收敛，减少违法违规行为，也起到了保护投资者的作用。新《证券法》中的公开发行、信息披露、内幕交易、操纵市场等规定涵盖了“新三板”市场有关主体，为相关违法行为的责任追究提供更为坚实的法律依据，有力地保护了“新三板”市场的投资者。

三、认真贯彻新《证券法》，积极推进“新三板”市场投资者保护

新《证券法》的颁布实施，为“新三板”市场的投资者保护打开一片新天地，我们要认真学习、深刻领会、坚决贯彻落实好新《证券法》关于投资者保护的精神和内容。在此基础上，多措并举、久久为功，积极推进“新三板”市场投资者保护工作。重点做好以下三个方面的工作。

（一）加强诚信建设，完善市场法治环境

诚信是法治的前提，法治是诚信的保障。资本市场是高度依赖诚信的市场，诚信既是资本市场的伦理准则，也是商业法则。同样，资本市场也是法治的市场，需要良好的法治环境才能打击违法犯罪行为。如果诚信建设不足，市场的信心就会受到打

击;如果法治不够完善,内幕交易和操纵市场等违法行为就会时有发生。因此,诚信和法治环境的好坏,关系资本市场参与者的合法权益,关系整个金融市场的信心。

就"新三板"市场的投资者保护而言:一方面,要继续加强诚信建设,要就诚信建设出台专门规则,并在挂牌准入、市场分层、股票发行等多个领域加强失信联合惩戒措施的运用,把诚信建设进一步做深做实,引导挂牌公司诚信经营、不说假话、不做假账,做到尊重投资者、敬畏投资者、回报投资者;另一方面,要继续完善法治环境,以完备的法律制度为基础,进一步加强基础制度建设,通过制定《新三板市场监督管理条例》等基本制度,明确新《证券法》中没有规定的挂牌公司发行、挂牌交易、收购等基础制度安排,做好投资者保护的法律制度供给。

(二)提升挂牌公司质量,持续回报投资者

提升挂牌公司质量是投资者保护的关键,也是实现"新三板"市场长远健康发展的根本前提。下一步,"新三板"将从以下四方面着手提升挂牌公司质量:一是优化挂牌准入条件,吸引优质企业挂牌,通过把好市场入口关提升挂牌公司质量;二是分类施策、科学监管,以全面深化"新三板"改革为契机,进一步完善差异化信息披露体系,同时以公司治理新规落地为契机,督促公司严格落实公司治理和内控要求,切实做到真实透明、治理规范、内控有效,并积极回报投资者;三是健全摘牌机制,推动摘牌细则出台,及时出清存在未披露定期报告、丧失持续经营能力、存在重大违法等问题的公司,并在摘牌过程中对投资者的利益诉求予以重点考虑和关注;四是加大违法违规处置。坚决打击欺诈发行、重大信息披露违法、破坏公平交易原则等各类侵犯投资者利益的违法违规行为,捍卫法制尊严,维护规则权威,保护投资者合法权益。

(三)健全投资者保护机制,做好投资者教育工作

一是落实证券法关于投资者保护的有关规定。积极配合证监会、投服中心等推进精选层持股行权工作,做好代表人诉讼、支持诉讼、先行赔付等救济机制在"新三板"的应用研究。二是加强与司法机关沟通。积极推动资本市场有关司法解释的适用对象,从上市公司拓展至"新三板"挂牌公司。三是配合有关部门进一步完善多元纠纷解决机制。通过"专业调解+仲裁/司法确认"的安排,为投资者纠纷解决提供实实在在的帮助和支持。四是加强投资者教育。继续通过"一图读懂""云上投服"等通俗易懂、便捷可得的方式,做好投资者教育工作,帮助投资者理性认识并投资"新三板"。

最后,预祝第三届投服论坛圆满成功!

谢谢大家!

中国证券业协会秘书长张冀华在第三届中小投资者服务论坛上的发言

加强投资者保护　证券行业责无旁贷

张冀华*

各位领导、各位嘉宾、各位朋友：

大家好！非常高兴参加第三届中小投资者服务论坛。首先我谨代表中国证券业协会对本届论坛的召开表示热烈祝贺！这次论坛的主题“落实证券法实施　促进投资者保护”非常有意义，借此机会，我以“加强投资者保护　证券行业责无旁贷”为题谈几点看法，供大家参考。

第一，投资者保护正在迎来最有力的法制保障。

随着 2020 年 3 月 1 日新《证券法》的全面实施，资本市场投资者保护制度从顶层设计到配套安排迎来了最有力的法制保障。具体表现为以下几个方面。

一是新《证券法》全面彰显投资者保护的立法宗旨和新要求。新《证券法》从法规层面加大了投资者保护力度，新设立“投资者保护”专章，从建立投资者适当性管理制度等 7 个方面规定并完善了投资者保护制度，重点解决了中小投资者信息来源不对称、维权能力弱、维权成本高等问题，着力从法律层面破解上述投资者保护难题。

二是配套法规体系的进一步健全，将有效推动投资者保护各项要求落实落地。新《证券法》实施后，需要制定或修改大量的配套规定。证监会有关部门及系统各单位都在积极推进相关工作，努力搭建更加健全、完善的投资者保护制度体系，共同推动解决好相关法规的适用问题。

* 中国证券业协会秘书长。

三是现有自律规则体系将进一步完善。以证券业协会为例,目前我们正在积极配合证监会深化资本市场改革的多项工作,进一步梳理完善证券业各项业务规范和自律规则体系,加强对行业及从业人员的自律管理,推动行业加强投资者保护工作在内的能力建设。

第二,加强投资者保护是证券行业最重要的职责使命。

投资者是资本市场的发展之本,是资本市场生态系统中最重要的基础和能量之源。投资者保护是激发资本市场活力和韧性的根本所在。保护好中小投资者的合法权益是资本市场持续健康发展的重要根基。

证券行业是促进投资者与发行人良性互动的重要枢纽,为投资者服务是证券公司的天职和宗旨,加强投资者保护是证券行业职责和使命。投资者适当性是保护投资者的第一道防线,证券公司发挥"看门人"的作用责无旁贷。投资者教育是防范金融风险的基本功,证券公司勤勉尽责做好证券市场知识普及教育,促进形成投资者合法权益得到有效保护的良好生态,是证券公司服务投资者义不容辞的责任,更是锻造、提升核心竞争力的关键所在。

第三,加强投资者适当性建设是保护投资者最有效的措施。

我国证券市场中小投资者众多,投资者结构存在以下特征:一是中小散户多,机构投资者少。据统计,截至2020年6月底,A股个人账户数占到99%,持股市值仅占约28%。二是交易量多,长期投资少。证券市场约86%的交易量是由中小投资者贡献,平均持股周期达到半年的中小投资者不足15%。三是直接投资多,专业投资少。个人投资者资产直接投资于股票的比例占到30%以上,投资基金和理财产品的比例不足30%。一方面,新业务新产品推出速度快,大量中小投资者需要完成测评、分类,证券公司落实适当性制度工作量很大;另一方面,客户配合证券公司适当性工作的意愿比较低,甚至还会因此与公司发生纠纷。这些都从客观上给证券公司投资者适当性工作带来一定的难度。

投资者适当性制度不仅是监管部门和行业自律组织的外在要求,更是证券公司发挥资本市场中介功能、强化投资者服务的内生需求。证券公司肩负着服务实体经济转型和改革发展、满足企业和居民多元化投融资需求的职责。深化投资者适当性工作,可以有效提高金融资源配置效率,提升投融资双方需求的契合程度,合理防控风险,强化资本中介功能,促进证券行业稳定健康发展。

下一步,建议证券行业重点从以下几方面继续加强适当性管理和投资者保护工作：

一是全面落实投资者保护主体责任。证券行业要切实担负起落实投资者适当性的主体责任，把投资者适当性作为保护投资者的第一道防线，健全公司层面各业务链的适当性细则及各业务链的操作流程，精准实现对客户与产品的分类分级，动态关注客户与产品风险，健全以适当性为中心的风控模式，不断提高投资者适当性管理水平。

二是持续提升投资者服务理念。证券行业要逐步树立敬畏市场、敬畏法治、敬畏专业、敬畏风险的经营意识，持续涵养诚信、合规、专业、稳健的行业文化，用文化的力量引领方向、促进发展、塑造形象，不断提升投资者服务理念，筑牢投资者服务与保护意识，通过制定完善投资者服务激励机制、规范及保障机制，切实提高投资者服务效果。

三是不断强化投资者教育工作实效。要将投资者教育纳入开户、交易、服务及营销等各项具体业务规则中，建立以介绍投资产品、业务信息和风险揭示为核心的常态化工作机制。对新入市的中小投资者要开展基础知识培训和投资风险教育，对新推出的产品要作出专门的风险提示，对新出台的政策规则要以通俗易懂的方式进行说明和解释。要将投资者权利和自我保护措施作为中小投资者教育的重要内容，同时积极利用新闻媒体、新媒体、自媒体等舆论引导作用，加强对中小投资者的教育宣传。

四是加大金融科技应用，不断创新投资者服务方式。要继续深化金融科技探索和实践，加快推进投资者服务智能创新，持续加大投资者服务系统平台建设投入，通过搭建综合服务平台、优化线上业务办理模块、引入智能服务科技等方式，为投资者提供智能化应用与服务。

五是高度重视投资者权益救济工作。要积极稳妥处理与投资者之间的纠纷特别是群体性纠纷，通过线上线下服务渠道，及时了解客户诉求，真正承担起投资者纠纷调解的首要责任。

2020 年是新《证券法》全面贯彻实施的第一年，也是资本市场全面深化改革深入推进的一年。中国证券业协会将在中国证监会的领导下，站在新的起点，落实好新《证券法》赋予协会的职责，进一步引导和督促证券业会员单位不断提升投资者服务水平，持续加强投资者教育，努力夯实投资者保护实效！

最后，预祝本届论坛取得圆满成功！

谢谢大家！

中国上市公司协会副会长高靓在第三届中小投资者服务论坛上的发言

高 靓*

尊敬的各位领导、各位嘉宾：

大家好！非常高兴再次与投服中心及证券、期货、基金业协会联合举办第三届中小投资者服务论坛。在会党委的坚强领导下，在各方面的大力支持和共同努力下，投服论坛得到了上市公司、中介机构、相关从业人员以及广大投资者，特别是中小投资者群体的高度关注，为市场各方开展中小投资者服务和权益保护提供了实践交流、经验分享的高效平台。

2020年是新《证券法》施行的开局之年，本届论坛以“落实证券法实施　促进投资者保护”为主题。新《证券法》进一步加大了投资者保护力度，新设专章规定与投资者保护权利行使、权利救济等密切相关的具体制度，为投资者特别是中小投资者提供了更健全、更有效的交易环境、交易机制和保护措施。新《证券法》的落实需要市场各方共同努力，就上市公司而言，应该深刻理解和掌握新规定、新要求，强化治理规范，优化内部制度，形成自我约束、自我规范、自我促进的机制。对于控股股东、实际控制人、董监高等少数关键人来讲，要读懂法规要求，约束好自己的行为，切实把投资者保护的各项新规定落到实处，促进资本市场的长期稳定健康发展。

上市公司是资本市场践行“人民性”的源头基础。上市公司发展壮大的背后，离不开1.7亿名中小投资者的支持。首先，提高上市公司质量，规范经营行为，是保护投资者合法权益的第一要义。诚信合规是上市公司高质量发展的根基。上市公司应遵循新《证券法》等国家法律法规以及资本市场的各种监管规定，牢固树立“红线思

---

* 中国上市公司协会副会长。

维”,谨记并坚持“四个敬畏”,严守“四条底线”,始终把投资者利益,特别是中小投资者的利益放在首位,给投资者一个真实、透明、合规的上市公司,才能不负投资者的信任与重托。其次,公司应注重自身发展,聚焦主业、深耕实业,特别面对疫情带来的持续影响,大股东和上市公司董监高应坚持正确的发展理念,练好内功,弘扬企业家精神和工匠精神,凭竞争力吃饭,促进市场正本清源。最后,上市公司应勇于担当,重视回报。今年两市上市公司预计现金分红 1.36 万亿元,再创历史新高。截至 8 月初,297 家上市公司主动实施回购,合计回购金额 251.39 亿元,使投资者特别是中小投资者的获得感进一步增强,为维护疫情期间的市场稳定发挥了重要作用。在抗击疫情的战斗中,各行各业的上市公司也发挥自身的产业和专业优势,各施所长,积极履行社会责任,充分践行了“先锋队”的作用。

近年来,上市公司投资者关系管理及投资者保护的意识逐步增强,上市公司敬畏投资者的文化氛围正在形成。上市公司协会在证监会的指导下,开展了大量卓有成效的工作。2018 年,协会联合沪深证券交易所首次发布了上市公司“现金分红榜单”,包括“上市公司丰厚回报榜单”和“上市公司真诚回报榜单”各 100 家,在市场上取得了良好反响。2020 年,为积极践行新《证券法》,持续引导和规范上市公司现金分红,强化回报股东的理念,协会将发布“现金分红榜单”。此外,在 2020 年第二届“5·15”全国投资者保护宣传日活动中,协会联合证监会相关部门及交易所等共同启动了“诚实守信,做受尊敬的上市公司投资者保护专项行动”。一方面,该专项工作大力宣传信息披露的监管政策和制度,弘扬诚信经营,坚守本分的企业精神,促进上市公司不断强化内生式发展,增强软实力建设;另一方面,持续加强上市公司监管,对造假行为“零容忍”,从严打击各种违法违规行为,形成外部监管的高压态势。从内外部形成合力,共同打造守底线、负责任、有担当的公司,有效保护投资者合法权益,培育健康良好的市场生态。

加强投资者关系管理是上市公司持续提高投资者保护工作水平的有效途径,一直以来,上市公司协会把加强投资者关系管理作为促进和提高上市公司投资者保护的重要抓手。2014 年,协会成立了投资者关系管理专业委员会(以下简称投关委),现在已经历任两届,投关委紧紧围绕提升上市公司投资者关系管理工作水平开展理论研究和工作交流,取得了一定的工作成效。2020 年以来配合专项行动的开展,投关委在推进上市公司群体重视投资者关系管理方面策划并开展了一系列活动,包括发送“在疫情影响特殊时期加强投资者关系管理的建议”;在全国投资者保护宣传日联合证券、基金业协会向社会发布“落实新《证券法》加强投资者保护”倡议书;根据专项行动第一阶段“树理念、强意识”的要求,投关委委员在证监会的组织下,在各主流媒体积极发声,持续刊登关于“学习新《证券法》积极践行投资者保护”的署名文章;此外,委员会高度关注相关指引的修订,积极为规范文件的完善建言献策。接下来,上市公司协会将根据中国证监会的统一部署,在投保局的指导下,与包括投保基金、投服中心、交易所、证券期货基金业协会在内的各相关单位密切配合,形成资本市场投资者保护工作的合力,不断提高上市公司投保工作的意识和水平,积极推动市场各方形成敬畏投资者、保护投资者、服务投资者,特别是尊重和善待中小投资者的良好氛围。

谢谢大家!

中国证券投资基金业协会副会长胡家夫在第三届中小投资者服务论坛上的发言

胡家夫*

尊敬的各位领导、各位来宾：

大家上午好！

非常荣幸能够联合主办并参加第三届中小投资者服务论坛，我谨代表中国证券投资基金业协会对本次论坛的顺利召开表示诚挚祝贺。新冠肺炎疫情发生以来，基金业协会坚决贯彻落实习近平总书记重要指示批示精神和党中央、国务院决策部署，在中国证监会领导下，全面推进新《证券法》贯彻实施，筑牢基金行业投资者保护基石，始终将维护投资者合法权益放在首位。

下面，我就结合新《证券法》实施以及基金业协会在投资者保护方面所做的主要工作，与大家作以简要交流。

一、维护投资者合法权益是基金业协会的首要职责

新《证券法》的实施，实现了我国投资者保护证券立法集中规定从无到有的重大制度创新。投资者是基金行业发展之本，投资者的信任是基金行业健康发展的基石，投资者利益永远优先是基金行业恪守的执业准则。基金业协会按照《证券法》《证券投资基金法》等的规定，切实做好投资者保护各项工作，是践行以人民为中心发展思想的根本要求。

---

* 中国证券投资基金业协会副会长。

二、多措并举,扎实做好基金行业投资者保护工作

一是优化投诉处理工作流程,提高投资者在线投诉便捷性。2020 年以来,协会启动了投诉处理工作流程再造,实现投诉处理集中化、投诉办理高效化,做好投资者诉求响应。疫情防控期间,协会与投资者及时沟通,倾听投资者诉求,反馈投诉处理进展,累计拨打并接听投资者电话 2000 余次,投资者服务满意度大幅提升。截至目前,协会共收到投诉信息 1725 件,办结投诉信息 1391 件,投诉办结率为 81%。

二是持续拓宽纠纷多元解决渠道,切实降低投资者维权成本。推进中国特色证券集体诉讼制度,按照自愿、合法原则,引导和鼓励当事人通过行业调解、专业调解等非诉讼方式解决纠纷,拓宽多元纠纷解决渠道,降低投资者维权成本。2019 年以来,协会与北京仲裁委、杭州仲裁委等多家仲裁机构签署了"仲调对接"战略合作协议,推动北京基金小镇成立了全国首家基金行业人民调解委员会,与北京市第一中级人民法院签署了"诉调对接"合作协议。同时,协会依法履行调解职能,积极促成当事人和解。2019 年以来,协会充分发挥多元纠纷解决机制作用,帮助投资者挽回经济损失 11.77 亿元。

三是提高执法查询服务效率,协助投资者推动司法案件查处工作顺利进行。强化证券违法民事赔偿责任,严厉惩治证券违法犯罪行为,是保护投资者的重要手段。为了协助投资者推动司法案件进展,协会依法配合提供执法查询信息,缩短执法查询时效。2020 年以来,协会向各地行政司法机关提供执法查询服务 101 次,涉及 248 家行业机构、230 只产品,共涉及投资金额 601.59 亿元,其中,未依法在协会登记备案的机构以及相关产品占执法查询总数近 70%。

四是强化自律管理惩戒力度,坚守基金行业诚信经营底线。新《证券法》的实施加大了证券违法犯罪行为惩戒力度,大幅提高资本市场违法成本。协会自律惩戒聚焦行业违法违规行为高发、多发环节,对于严重损害投资者合法权益,给行业造成恶劣影响的"害群之马""零容忍",出重拳、用重典。2019 年以来,协会不予登记私募机构 20 家,中止办理 725 家,依法注销私募登记机构 1764 家,对于 27 家行业机构以及 44 名从业人员采取了撤销私募登记、取消会员资格、加入"黑名单"等纪律处分措施。

五是丰富投资者宣传教育形式,强化投资者自我保护意识。2020 年以来,协会与多家新媒体平台合作推出了投资者教育专栏以及在线访谈节目,引导投资者理性投资;"3·15"消费者权益保护日,协会与知名媒体合作发布了投教小视频,保障基金投

资者知情权;“5·15”全国投资者保护宣传日,协会开发了私募基金投资者有奖问答小程序,并推出了防范非法私募活动系列短视频,协会“投资者之家”在线平台正式上线,引导基金行业加强投资者教育与保护意识。

三、以贯彻落实新《证券法》为契机,进一步开创基金行业投资者保护工作的新局面

新《证券法》实施标志着我国资本市场改革发展进入了全新历史阶段,基金业协会始终将投资者利益放在首位,全面推动基金行业基础制度完善与市场生态改善,在投资者保护方面做好以下工作。

一是深化落实投资者适当性制度,守住合格投资者底线。投资者适当性制度是基金行业重要基础性制度。守住合格投资者底线,强化基金经营机构等市场主体依法切实履行投资者适当性义务,增强投资者风险防范意识,不做盲目投资、冲动投资。

二是强化与投保机构合作机制,助力行业纠纷多元解决提质增效。协会将继续强化与投服中心、投保基金等投保机构的交流合作,集中力量解决协会调解资源分布不均衡等问题,建立在线调解、异地调解等机制,为投资者提供高效、专业、便捷服务,推动多元纠纷解决机制提质增效。

三是定期发布行业典型案例,增强投资者自我保护能力。协会将定期发布基金行业典型案例,通过案例警示教育,引导当事人依法理性维权,增强投资者自我保护能力,警示基金行业机构合规经营,按照市场化、法治化原则,探索有效化解行业风险、完善行业治理的最优路径。

四是建立投资者保护长效机制,优化投资者保护教育资源。协会将不断完善投资者教育保护专业委员会制度,加大对于行业机构的投资者保护工作监督指导,加大“投资者之家”在线平台建设投入,积极申报国家级投资者教育基地,打造基金行业权威的投资者教育保护资源库。

新《证券法》已于2020年3月1日正式实施,中国证券投资基金业协会将以此为契机,在中国证监会领导下,继续牢记使命、开拓进取、砥砺前行,在投资者保护的新征程上不断谱写新的篇章!

最后,预祝本次论坛取得圆满成功!

谢谢大家!

中国证券投资者保护基金有限责任公司副总经理葛毅在第三届中小投资者服务论坛上的发言

助力集体诉讼落地实施　促进投资者保护新发展

葛　毅*

各位领导、各位来宾：

上午好！很高兴来参加此次论坛。我谨代表中国证券投资者保护基金公司对本届中小投资者服务论坛的召开表示热烈祝贺！本届论坛以“落实证券法实施　促进投资者保护”为主题，重点聚焦证券集体诉讼制度，具有非常重要的现实意义。

2020年7月31日，最高人民法院出台《关于证券纠纷代表人诉讼若干问题的规定》，中国证监会发布《关于做好投资者保护机构参加证券纠纷特别代表人诉讼相关工作的通知》，进一步完善了符合中国国情的证券集体诉讼制度，标志着证券集体诉讼制度在我国真正落地。具有中国特色的证券集体诉讼制度的特别之处就在于对特别代表人诉讼的制度设计。我们理解，这一制度设计集中体现了两个方面的重要考虑：一是赋予投保机构作为代表人的法定资格。专业的公益性投保机构在投资者维权、损失金额的计算，以及与人民法院、证券监管机构、证券登记结算机构的沟通联系等方面都具有不可替代的优势，能够充分发挥投保机构自身的专业经验和职能作用。二是充分利用证券市场的信息技术优势。我国证券市场实行“看穿式”账户实名制和电子化交易结算，集体成员的身份确认、通知、登记、赔付等工作均可借助信息化方法高效、便捷地完成，能够最大程度减少当事人在物理空间上聚集的必要性，有助于加强集体诉讼的全流程可控性。

---

* 中国证券投资者保护基金有限责任公司副总经理。

中国特色证券集体诉讼制度是在纠纷解决机制不断发展，市场环境、司法环境等各项条件成熟的基础上发展而来的。通过近年来在大规模群体性纠纷解决方面的实践，投保机构逐步探索开发了投资者损失计算专业技术，构建了相对完善的工作机制，并储备了专业人才，为特别代表人诉讼的试点先行和有效实施提供了多方面的支持和业务保障。可以说，特别代表人诉讼的构建模式既有实践基础，也符合我国实际情况，是在投保机构前期工作积累基础上的发展和飞跃。

比如，近年来，投保基金公司积极推动证券纠纷多元化解机制的发展。我们先后开展了万福生科、海联讯、欣泰电气三案先行赔付，共赔付 3.4 万人、金额达 5.09 亿元，赔付比例均在 95% 以上，高效、便捷、低成本地对投资者进行了损害补偿。先行赔付中运用电子化交易系统进行通知和赔偿等方面的具体操作，为集体诉讼的电子化实施提供了重要的借鉴。在此基础上，投保基金公司积极开展了“一对多”证券纠纷调解，探索“示范判决 + 委托调解 + 共管账户”的调解机制，便捷有效地化解大规模证券纠纷，近两年累计调解金额已经超过 1.5 亿元；同时，我们还为司法审判、证券监管提供损失计算的专业支持，累计为各级法院审理的超过 2000 起案件提供专业损失计算，涉及金额约 2.5 亿元。

近一时期，按照证监会统一工作安排，我们围绕集体诉讼制度开展了专项研究、损失计算、系统建设等一系列相关工作，积极推动集体诉讼制度落地实施。一是积极开展集体诉讼制度的系统研究工作。广泛征求学者、法官、律师的意见，及时提出了集体诉讼制度建设中重点难点问题的解决方案，并在地方法院率先出台集体诉讼司法文件的过程中主动加强与地方法院沟通交流，部分前期的研究成果得到地方法院司法文件的吸收采纳。二是积极配合推动司法解释制定出台。协助最高人民法院和证监会组织召开研讨会，为司法解释起草积极建言献策。我们还组织了专门团队对相关问题进行研究，多次反馈意见和建议，部分意见得到司法解释的采纳。三是为工作实施方案的研究制订提供专业支持。我们积极为证监会、法院提供整体性匡算、个案损失计算、系统风险测算等方面的专业支持和保障，在案件的研究、工作方案的制定等方面为代表人诉讼制度的落地实施发挥了重要作用。四是持续推进支持系统建设。我们以先行赔付系统、损失计算系统、在线调解系统的资源积累为基础，开展全流程、智能化的集体诉讼服务系统项目建设，开发投资者信息管理、公告、通知、案件流程管理、投资者咨询、意见反馈等全流程功能，分步实现与法院系统的互联互通。

总之，无论是先行赔付、证券纠纷调解，还是集体诉讼，都需要投保机构充分运用专业优势、技术优势,便捷高效地化解群体性证券纠纷,切实保护投资者合法权益。这也是投资者保护机构履行职责,做好集体诉讼各项工作的重要条件。法有定论,兵无常形。在参与集体诉讼制度的实施过程中,我们也关注到制度的落地实施还面临许多亟须研究解决的问题,其中有两方面的工作值得进一步思考落实。

一是不断强化外部沟通协作机制。投保机构参与代表人诉讼中,如何平衡案件选择的公益性与公平性问题,在确定诉讼请求、提出和解以及上诉等环节如何平衡诉讼效率和投资者权利的问题,如何完善市场激励机制、律师选聘机制等问题,涉及证券监管部门、司法机关、投保机构、交易所、证券登记结算机构等各个方面。我们将不断强化与司法机关、证监会系统单位的沟通协作机制,探索建立公开、透明的专家评估机制、律师选聘工作机制,保障集体诉讼制度稳妥实施。

二是探索多元化解机制的衔接整合。新《证券法》背景下先行赔付、纠纷调解、集体诉讼等多元化纠纷解决机制,有其不同的适用场景,既相互区别,又互补共促。集体诉讼具有强大的威慑力,将在激活先行赔付等其他纠纷解决机制,以及行政和解等行政执法制度系统效应方面发挥积极作用。我们将积极探索证券纠纷多元化解决方式,做好重点地区的证券代表人诉讼案件,强化集体诉讼与先行赔付、纠纷调解等多层次赔付制度的有机衔接,促进证券市场民事赔偿机制系统效益的有效发挥,为多层次投资者保护体系的完善提供新的契机。

下一步,我们将认真履行投保机构职责,积极担当作为,与兄弟单位和各方同仁携手共同助力集体诉讼制度落地实施,促进投资者保护新发展。最后,预祝本次论坛圆满成功!

谢谢大家!

中证中小投资者服务中心有限责任公司副总经理黄勇在第三届中小投资者服务论坛上的发言

贯彻落实新《证券法》 做中小投资者“代言人”

黄 勇*

女士们、先生们:

大家上午好!

感谢大家在疫情防控特殊背景下参加第三届中小投资者服务论坛。在此,我就投服中心贯彻落实新《证券法》,开拓投资者保护新方法、新机制谈一些认识。

我国资本市场走过30年历程,A股投资者数量已达1.6亿。保护中小投资者合法权益是资本市场落实人民性的根本体现,也是投服中心的重要职责。2020年3月1日正式实施的新《证券法》赋予投服中心应有的法律地位,增加了股东权利代为征集、特别代表人诉讼等新职责。可以说,新《证券法》彰显了加强资本市场投资者保护的决心,也提振了投资者保护机构的信心。

证监会主席易会满在第二届“5·15”全国投资者保护宣传日活动讲话时指出,资本市场有关各方都必须自觉以新《证券法》为遵循,知法、守法、用法、执法。作为专门的投资者保护机构,贯彻落实好新《证券法》是投服中心的应尽职责。

(一)完善市场组织形式,成立全国性证券期货纠纷专业调解组织

5月15日,投服中心全资子公司、全国性证券期货纠纷专业调解组织——中证资本市场法律服务中心正式揭牌,开启了我国资本市场纠纷调解的新篇章。中证资本市场法律服务中心持续落实新《证券法》强制调解要求,完善工作机制,群体纠纷调解

* 中证中小投资者服务中心有限责任公司副总经理。

取得新突破,成功化解某机构与 600 余名投资者间近 6 亿元争议金额纠纷。加强与上海金融法院等诉调对接合作,落实纠纷多元化解机制。强化诉调对接平台建设,实现"中国投资者网"在线解决平台与人民法院调解平台的互联互通。截至 8 月底,登记证券期货纠纷案件 16,022 件,正式受理 11,261 件,调解成功 8047 件,投资者获赔金额达 26.47 亿元。

(二)稳妥推进证券集体诉讼落地,出台投服中心特别代表人诉讼业务规则

一是完善制度规则。7 月 31 日,为落实新《证券法》关于投资者保护机构参加特别代表人诉讼的有关规定,配合最高人民法院司法解释和证监会工作通知要求,投服中心发布了《中证中小投资者服务中心特别代表人诉讼业务规则(试行)》,为投服中心开启中国特色代表人诉讼奠定规则基础。二是摸排案件。从社会关注度、投资者反映情况、管辖法院等因素考虑,对 20 余起案件进行摸排,选取部分案件作为特别代表人诉讼的重点关注案件。三是完善配套支持。制定《投服中心代表人诉讼演练工作方案》,开展演练,设计开发网上征集系统,完善公益律师团队,加强舆论宣传。

(三)增强针对性,持股行权力促上市公司质量提升

第一时间买入科创板上市公司股票,将科创板上市公司舆情线索纳入行权线索库。8 月 24 日,创业板注册制首批企业上市,投服中心继续买入股票持股,目前正在研究适时启动科创板、创业板注册制上市公司行权工作。截至 8 月底,投服中心共持有 3966 家上市公司(含 160 家科创板)股票,行使股东权利 3450 次。

(四)普及新《证券法》、注册制改革相关知识

一是开展云上投教活动。投服中心联合交易所、证监局等举办"云上投服讲权益 新法专列游神州""5·15"投资者保护宣传月活动,联合证券日报社举办"第二届 5·19 中小投资者保护宣传周"活动,联合上交所开展"大咖'说法'——新《证券法》亮点解读"活动,为投资者提供"云上"权益宣传服务,活动点击量累计 1600 余万人次。二是举办第三届"股东来了"。8 月 10 日,第三届"股东来了"投资者权益知识竞赛正式启动,活动通过新技术、融合新媒体,以寓教于乐的形式,普及新《证券法》和投资者权益知识,倡导理性健康的投资文化。截至 8 月 31 日,共注册参赛人数为 83 万、答题人次 9600 余万。

保护投资者,就是保护资本市场的未来。投资者保护工作取得长足进步令人欣慰,但是其职责之重、行事之难也令人不敢有分毫懈怠。例如,中小投资者在专业能力、资金实力、法律意识等方面都处于弱势,维权意愿不高、维权能力不足等。

下一步，投服中心秉持“为民　奉献　专业　引领”的理念，贯彻落实新《证券法》，开拓创新，勇于探索，推出投资者保护新方法、新举措，为资本市场发展营造良好环境。

一是加快推进特别代表人诉讼落地实施。审慎选取典型案件，适时启动特别证券代表人诉讼，发挥中国特色证券集体诉讼作用，切实保护广大中小投资者合法权益。在提高虚假陈述支持诉讼案件数量和效率的基础上，丰富操纵市场民事赔偿案件数量，加强对股东诉讼的专题研究，探索股东代位诉讼。

二是着力构建纠纷多元化解大格局。推动新《证券法》与现有调解工作有机结合，落实普通投资者与证券公司纠纷的强制调解制度。进一步深化诉调对接，着力加强和重点法院合作联系，落实纠纷多元化解机制。依托“中国投资者网”，完善在线调解系统，以科技助力调解，满足资本市场不断增长的调解需求。优化损失计算软件功能，提升软件操作自动化水平。

三是切实发挥持股行权示范引领作用。定位股东身份，通过市场角度，运用法律手段，积极行使质询权、建议权、股东大会召集权等股东权利，不断唤醒广大中小投资者的权利意识。探索实践上市公司股东权利代为行使征集制度，更好地参与公司治理活动，促进提升上市公司质量。提高行权工作科技化、智能化水平，建立完善上市公司行业数据库、商誉减值数据库。

四是持续丰富投资者宣传教育内容与形式。扩大“股东来了”投教品牌影响力、覆盖面，以投资者喜闻乐见的形式倡导投资者“长期投资、价值投资、理性投资”，引导投资者“全面知权、积极行权、依法维权”。与各地证监局、沪深交易所和主流媒体共同打造“云上投教”特色品牌，通过投资者大讲堂系列活动、“中国投资者网”、《上海证券报》“权益360”和证券市场红周刊“漫话权益”专栏等渠道，提供特色投资者权益教育服务。

保护好广大中小投资者的合法权益，关乎数亿人民群众的切身利益，我们深感责任在肩，任重道远。投服中心希望与各方一道，坚持“四个敬畏、一个合力”，以贯彻实施新《证券法》为契机，努力提升中小投资者获得感，共同打造一个规范、透明、开放、有活力、有韧性的资本市场。

最后，预祝本次论坛圆满成功！

谢谢大家！

I 专题论坛：新《证券法》特别代表人诉讼实践

INVESTOR

2020 年 9 月 4 日下午,由投服中心主办的第三届中小投资者服务论坛分论坛通过全景网平台顺利举行。分论坛以"新《证券法》特别代表人诉讼实践"为主题,来自最高人民法院、上海金融法院及南京、深圳多地中级人民法院的法官,全国律师协会代表,公益律师代表,中国人民大学、北京大学、新加坡管理大学、华东政法大学、同济大学及浙江大学专家学者汇聚一堂,围绕"证券代表人诉讼的协同机制""证券特别代表人诉讼的审裁规则""试点阶段特别代表人诉讼案件选取应考量因素""投保机构在调解程序中的协调与平衡""律师在特别代表人诉讼中的独特作用"5 个议题展开了深入讨论交流。

会上,投服中心副总经理刘磊为本次分论坛致开场词,他表示,此次分论坛是投服中心落实新《证券法》特别代表人诉讼法定职能及《最高人民法院关于证券纠纷代表人诉讼若干问题的规定》及证监会《关于做好投资者保护机构参加证券纠纷特别代表人诉讼相关工作的通知》要求的重要工作安排,希望与会嘉宾为特别代表人诉讼实践建言献策。

最高人民法院李伟法官作了开场发言,重点介绍了起草司法解释过程中所考虑的若干关键问题。人民大学刘俊海教授围绕投保机构应如何与司法机关、监管系统、地方政府等建立同频共振的协同共治体系作了发言。上海金融法院综合审判一庭庭长单素华重点从启动程序、调解程序及上诉程序,对特别代表人诉讼程序性法律问题进行了专业分析解读。深圳市中级人民法院金融法庭庭长袁银平从诉讼便利、纠纷多元化解、保障投资者诉讼权利及信息化建设四个维度,明确了如何落实好特别代表人诉讼制度。南京市中级人民法院金融庭黄伟峰副庭长介绍了证券群体纠纷的现状与实践探索,总结了开展代表人诉讼的启示与展望。中国人民大学叶林教授、北京大学郭雳教授及新加坡管理大学张巍副院长交流了特别代表人诉讼案件选取的考量,认为案件选取应当综合考虑收益成本、公益性、典型性及社会影响等多种因素。同济大学蒋惠岭院长指出,投保机构应当从做好顶层设计、完善调解程序、做好内外部协调及加强调解培训方面充分发挥在调解中的作用。浙江大学李有星教授认为,投保机构要在调解中重点把握投资者保护的整体、全局观念,平衡市场参与者的整体利益。华东政法大学肖宇副教授对调解在特别代表人诉讼中的适用空间进行了专业分析,并针对投保机构调解提出了有益建议。中华全国律师协会金融委员会沈田丰主任总结了律师在特别代表人诉讼中的四点独特作用。投服中心公益律师、方达律师事务所合伙人胡震远律师结合实践操作,对司法解释未明确的相关问题进行了深入思考。

本次分论坛系第三届投服论坛的重要组成部分,进一步厘清了特别代表人诉讼推进过程中各方的角色与定位,明晰了制度落实过程中的要点难点问题,统一了各方认识。下一步,投服中心将与司法机关、监管部门、律师学者等社会各界一同,推动特别代表人诉讼稳妥落地实施,形成投资者保护多方合力,切实维护广大中小投资者合法权益。

议题1　证券代表人诉讼的协同机制

《最高人民法院关于证券纠纷代表人诉讼若干问题的规定》的价值导向及几个重要问题

李　伟*

各位领导、各位专家、各位来宾：

大家上午好！

很荣幸能够有机会在此次中小投资者服务论坛上向大家进行汇报和交流。我汇报的题目是"《最高人民法院关于证券纠纷代表人诉讼若干问题的规定》的价值导向和几个重要问题"。

为推动《证券法》第95条规定的代表人诉讼机制落地实施，切实保护投资者合法权益，助力建设资本市场良性维权生态，最高人民法院结合证券民事诉讼的具体特点，出台了《关于证券纠纷代表人诉讼若干问题的规定》（以下简称《规定》）。《规定》全文共计42条，分为4部分，遵循依法合规与机制创新相协调、诉讼效率与权利保障相平衡、实体审查与正当程序相结合的原则，主要体现了以下价值导向：

（一）降低维权成本，便利投资者提起和参加诉讼。

接近司法是证券集体诉讼的重要价值所在。为降低诉讼门槛和维权成本，《规定》明确了代表人请求败诉的被告赔偿合理的公告费用、通知费用、律师费用等费用的，人民法院应当予以支持；特别代表人诉讼中公告期满后15日内未声明退出的投资者即视为原告；特别代表人诉讼案件不预交案件受理费，败诉或者部分败诉的原告申请减交或者免交诉讼费的，人民法院应当依照《诉讼费用交纳办法》的规定，视原告

---

* 最高人民法院民二庭二级高级法官。

的经济状况和案件的审理情况决定是否准许;特别代表人诉讼中投资者保护机构作为代表人在诉讼中申请财产保全的,人民法院可以不要求提供担保等。

(二)提升诉讼效率,促进证券群体纠纷多元化解。

为克服美国式集团诉讼周期长、成本高的痼疾,《规定》明确普通代表人诉讼和特别代表人诉讼均采用特别授权的模式,代表人可以代表原告变更、放弃诉讼请求或者承认对方当事人的诉讼请求,决定撤诉,与被告达成调解协议,提起或放弃上诉等;代表人的确定采取诉前确定与诉后推选相结合的方式,既方便双方当事人,又利于程序的高效开展;依托信息化技术手段开展立案登记、诉讼文书送达、公告和通知、权利登记、执行款项发放等工作,便利当事人行使诉讼权利、履行诉讼义务;注重代表人诉讼与非代表人诉讼机制的衔接,引导和鼓励当事人选择非诉讼方式解决证券纠纷。

(三)践行正当程序,重视当事人诉讼权利的保护。

在提高代表人诉讼效率的同时,《规定》注重妥善保护投资者的诉讼权利和程序利益,包括表决权、知情权、异议权、复议权、退出权和上诉权等。

(四)强化实体审查,发挥司法权的监督制约作用。

证券纠纷集体诉讼人数多规模大,不仅涉及公众投资者利益保护,还涉及证券法律秩序维护,人民法院的监督制约作用至关重要。私益诉讼中的处分原则、辩论原则以及程序自治原则应当受到职权主义诉讼模式和法院实体审查权的相应限制。

下面我简单介绍一下《规定》涉及的几个主要问题。

(一)代表人诉讼的启动条件

《规定》第5条确定了代表人诉讼的启动条件。需要说明以下两点:一是设置启动条件的目的在于防止程序被滥用,同时防止程序被搁置。代表人诉讼一旦启动,涉及的原告人数将显著增加,如案件起诉时证据不足事实不清,法院的审理难度将显著加大,可能影响审判效率,甚至影响社会稳定。因此有必要在司法解释中设置启动条件,只有符合法定条件的诉讼才能适用代表人诉讼的程序进行审理。同时,只要当事人的起诉符合《规定》第5条的三项条件,人民法院必须适用普通代表人诉讼程序进行审理,避免出现以往代表人诉讼程序鲜有启动、实际上处于被搁置状态的情形,以激活代表人诉讼程序。二是取消了前置程序。即便没有相关行政处罚决定或者刑事裁判文书,原告提交有关被告自认材料、证券交易所等给予的纪律处分或者采取的自律管理措施等初步证据证明存在证券侵权事实的亦可。

(二)对代表人的特别授权

《民事诉讼法》第53条及第54条均规定“代表人变更、放弃诉讼请求或者承认对方当事人的诉讼请求,进行和解,必须经被代表的当事人同意”,此系基于充分保障原告诉权之考虑,采纳了明示特别授权规则,即代表人处分实体权利须逐一征得被代表原告的明确同意。但这会导致集体诉讼程序变得烦琐冗长、久拖不决,也是民事诉讼法规定的代表人诉讼在实践中无法落地的原因之一。针对这个问题,《规定》改为采纳默示特别授权规则。《规定》第7条规定,无论是普通代表人诉讼还是特别代表人诉讼,权利登记公告均应当以醒目的方式提示,参加登记视为对代表人进行特别授权。《规定》第13条规定,在起诉时当事人人数确定的代表人诉讼,应当在起诉前确定获得特别授权的代表人,并在起诉书中就代表人的推选情况作出专项说明。默示特别授权模式系对诉讼效率与权利保障两种价值进行重新权衡的结果,其是整个代表人诉讼制度的核心,也是集体诉讼程序得以推进的关键。但特别授权本身隐含被滥用的风险,因此《规定》注重通过多种机制来制衡代表人权利,包括赋予投资者知情权、异议权、上诉权和退出权等诉讼权利以及人民法院行使审判监督职能,形成了“代表人特别授权—投资者诉讼权利—法院监督权”相互制衡的三方权利构架。

(三)代表人放弃上诉和决定上诉的处理

上诉权是一项重要的民事权利,如何规范意义重大。在起草过程中,出现了两种观点。第一种是不允许部分当事人提起上诉,理由是允许部分投资者自行上诉会产生以下问题:(1)根据总体制度设计,既然已经将上诉权纳入特别授权的范围,即不应再允许部分当事人自行上诉。(2)代表人诉讼制度的核心之一就是判决在生效后发生既判力扩张,如果在代表人决定不上诉时允许部分当事人上诉,在一审、二审判决结果不同时,就会发生到底是一审判决还是二审判决发生既判力扩张的问题,造成实践中的困惑。(3)允许部分当事人上诉会导致程序上的难题,比如,二审程序中如何推选代表人、执行依据的生效范围如何确定等。第二种是允许部分当事人提起上诉。此种观点的理由在于:上诉权是当事人的基本诉权,应当尊重当事人的正当程序利益,在程序设计上还是应当保护个别投资者的上诉权,不应以代表人不上诉为由剥夺当事人的上诉权,也不应以代表人决定上诉为由剥夺当事人放弃上诉的权利。

经反复研究,《规定》采纳的是第二种观点,主要基于以下考虑:第一,证券纠纷代表人诉讼属于普通共同诉讼,按照民事诉讼法的原理,普通共同诉讼是非必要的诉的合并,必要时应当允许诉的分离。《民事诉讼法》第 52 条规定,对诉讼标的没有共同权利义务的,其中一人的诉讼行为对其他共同诉讼人不发生效力。在证券纠纷代表人诉讼中,各当事人与被告之间的诉讼标的并非共同的而是同一种类,代表人与当事人之间在诉讼标的上没有共同的权利义务关系,代表人的诉讼行为未必总是以个别原告的利益为依归,必要时应当允许当事人撤回特别授权并自行提起上诉。第二,将上诉权纳入特别授权的范围,意味着代表人决定上诉或者放弃上诉无须逐一征求被代表的原告同意,《规定》同时允许被代表的原告撤回特别授权,并非否定特别授权,而是构成对特别授权的制约,以实现被代表的投资者与代表人之间的权益平衡。第三,我国证券纠纷代表人诉讼尚属于起步阶段,为防止代表人和诉讼代理人的道德风险,有必要保护个别投资者自行提起上诉的权利。

(四)特别代表人诉讼的启动方式

关于《证券法》第 95 条第 2 款与第 3 款之间的关系,即特别代表人诉讼的启动方式,《规定》起草过程中形成了两种意见:第一种意见是"递进说",启动《证券法》第 95 条第 2 款的程序是投资者保护机构后续启动第 3 款的程序前提。这种观点理由在于:一是从诉讼制度的立法原理上看,《证券法》第 95 条应该是在《民事诉讼法》第 54 条的框架下进行设计,证券法不能超越民事诉讼法的基本框架创设新的诉讼制度。二是从《证券法》第 95 条第 3 款之间的关系来看,也能看出第 2 款与第 3 款之间存在程序上的递进关系,即先进入了第 2 款规定的普通代表人诉讼程序之后,如果投资者保护机构在这个阶段受到 50 名以上投资者的委托,可以代表全体权利人向人民法院登记。三是从程序进行的可操作性角度,在人民法院没有公告确定权利人范围的情况下,投资者保护机构自行征集和确定权利人范围的标准不明确,可能出现对权利人范围的确定"翻烧饼"的情况,不利于程序的稳妥推进。第二种意见是"并行说",《证券法》第 95 条第 2 款、第 3 款之间不存在严格的先后顺序,既可以先由人民法院通过发布公告启动普通代表人诉讼,再由投资者保护机构介入转为特别代表人诉讼,也可以由投资者保护机构先行征集 50 名以上投资者委托,直接向人民法院提起特别代表人诉讼。这种观点的理由在于:特别代表人诉讼是此次证券法修法的最大亮点,有利于降低诉讼成本,提高诉讼效率,震慑证券市场违法违规行为,人民法院用好用足特别代表人诉讼机制符合各方预期。考虑代表人诉讼制度长期处于休眠状态,为鼓励投资者保护机构提起诉讼,不应再人为设置障碍。

《规定》最终采纳的是第一种"递进说"。从《证券法》第 95 条的文义来看,3 款内容在逻辑上存在递进关系。第 3 款使用的是“参加”而非“提起”,即投资者保护机构是在已有投资者提起普通代表人诉讼的情形下“参加”诉讼。据此,投资者保护机构作为代表人参加诉讼有两个前提:一是人民法院决定采用起诉时人数尚未确定的代表人诉讼程序审理案件,发出权利登记公告,通知投资者在一定期间内向法院登记;二是投资者保护机构受 50 名以上投资者委托作为代表人参加诉讼。

以上是我今天汇报和交流的内容,不当之处,请大家批评指正。

谢谢大家!

证券代表人诉讼制度的落地生根需要协同共治

刘俊海*

最高人民法院 7 月 31 日颁布的《关于证券纠纷代表人诉讼若干问题的规定》(以下简称《规定》)体现了投资者友好型的裁判理念,贯穿着公平与效率并重、法治与发展并举、诚信与创新兼顾的法治精神,有助于增强公众投资者的幸福感、获得感与安全感,提升人民法院全面服务于投资者权益保护事业的公信力,促进资本市场治理体系与治理能力现代化,推动资本市场服务于实体经济发展,持续优化稳定、透明、公平、可预期、有韧性与有温度的资本市场法治生态环境,值得充分肯定。

投资者保护机构是证券代表人诉讼制度的压舱石,但代表人诉讼不是投保机构自拉自唱、孤芳自赏的独角戏。为履行好新《证券法》赋予的法定公益维权职责,投保机构既需要固本培元、苦练内功,也需要广结善缘,与人民法院、证券监管机构、证券交易所、登记结算机构、地方各级人民政府、行业协会及资本市场各方建立起无缝对接、同频共振的协同共治体系,公平高效地化解证券代表人纠纷,不断优化诚实信用、公平公正、多赢共享、包容普惠的资本市场生态环境。

第一,投保机构要把提起代表人诉讼作为投保机构的核心职能。投保机构要聚焦核心职能,不越位,不缺位,不错位,心无旁骛、临渊履冰地履行好投保职责。投保机构提起代表人诉讼案件的数量之多寡,代表人诉讼的法律效果、政治效果、社会效果、伦理效果与市场效果之间能否有机统一,是衡量投保机构勤勉履职的重要指标。投保机构既要瞻前,即善于规划与谋划,也要顾后,即勤于总结与反思代表人诉讼工

---

* 中国人民大学法学院教授。

作的成败及其原因。

第二,投保机构要开门决策,问计于民,精准选择特别代表人诉讼的被告。投保机构的资源是有限的,无力对证券市场的侵权与失信案件都提起特别代表人诉讼。建议在提起特别代表人诉讼之前,启动公开听证程序,公开征求投资者代表、监管部门、上市公司代表、中介机构代表与独立专家学者的意见,实现科学决策、民主决策。特别代表人诉讼的威力大于普通代表人诉讼,因而既要确保好钢用在刀刃上,也要确保特别代表人诉讼的威慑力,避免失信公司找到规避特别代表人诉讼的策略漏洞。

第三,投保机构要胸怀公众投资者友好型的服务理念,始终保持与公众投资者之间的血肉联系。水能载舟,亦能覆舟。投保机构的维权对象是公众投资者,投保机构的公信力也源于公众投资者。《规定》第 38 条规定了投保机构的诉讼义务:“投资者保护机构应当采取必要措施,使被代表的投资者能够持续了解案件审理的进展情况,回应投资者的诉求。对投资者提出的意见和建议不予采纳的,应当对投资者做好解释工作。”投保机构要自觉强化对被代表投资者的信托义务,诚实守信、勤勉尽责,充分尊重与保护投资者的知情权、选择权、退出权与收益权。

第四,投保机构要自觉与普通诉讼代表人建立和而不同、良性互动的协同合作关系。《规定》全面激活了普通代表人和特别代表人的积极维权功能,并确保两类代表人诉讼同频共振。普通代表人诉讼是《民事诉讼法》第 53 条与第 54 条创设的传统类型,新《证券法》第 95 条第 1 款与第 2 款也确认其在证券纠纷化解集中的重要作用;而特别代表人诉讼是新《证券法》第 95 条第 3 款创设的资本市场新型代表人诉讼类型。无论普通代表人诉讼,还是特别代表人诉讼,都代表与维护不特定多数公众投资者的合法权益,都受《规定》的规范与保护。二者既有个性,也有共性。基于个性,《规定》在第二部分规定了普通代表人诉讼,在第三部分规定了特别代表人诉讼。投资者保护机构作为中国证监会设立的履行保护公众投资者法定职责的法定机构,理应在化解人数众多、金额巨大、影响深远的群体性证券纠纷中发挥主渠道作用。为打通特别代表人诉讼维护公益的绿色通道,《规定》第 39 条允许特别代表人诉讼案件不预交案件受理费,允许败诉或部分败诉的原告申请减交或免交诉讼费用,但是否准许,由法院视原告经济状况和案件审理情况而决定;第 40 条不要求申请财产保全的投资者保护机构提供担保。以上诉讼政策的优惠与便利不是投资者保护机构的“特权”,而是其代表公众投资者、捍卫资本市场公共利益时的公器。基于共性,《规定》

第41条允许特别代表人诉讼案件审理缺乏明确规定时,补充适用普通代表人诉讼中关于起诉时人数尚未确定的代表人诉讼相关规定。为实现二者无缝对接,《规定》第32条规定了普通代表人诉讼程序向特别代表人诉讼程序的转化机制,允许投资者保护机构在普通代表人诉讼公告期间受50名以上权利人特别授权时作为代表人参加诉讼,先受理普通代表人诉讼的法院若缺乏特别代表人诉讼管辖权,应将案件移送有管辖权法院。

第五,投资者保护机构要持续提升维权能力,建设学习型、研究型组织,早日成为人民法院的优秀诉讼参与人。投资者保护机构既要大胆行使新《证券法》与《民事诉讼法》赋予的代表人权利,也要自觉遵守诉讼规则,服从法庭的庭审指挥,尊重法院的裁判权威。基于平等诉讼原则,特别代表人与被告的诉讼权利是对等的。投保机构只有成为优秀诉讼参与人,才能当好公众投资者的"娘家人"。

第六,投保机构要善于挖掘法律智库的知识资源,选择优秀的律师与法学家作为合作伙伴。《规定》第25条建立了赔付合理费用机制:"代表人请求败诉的被告赔偿合理的公告费、通知费、律师费等费用的,人民法院应当予以支持。"投保机构要通过招投标等开竞争方式寻求最诚信、最专业、最勤勉的律师事务所代理代表人诉讼。投保机构仅仅是代表人,而非诉讼代理人。在人少案多的情况下,投保机构必须借助法律外脑。但是报价低不是唯一的评标标准,建议采取性价比最优的评标标准。为确保诉讼策略的精准度、法律事实认定的清晰度与法律关系梳理的逻辑性,建议激活法律专家论证机制。

第七,投保机构要自觉与证券监管机构及其派出机构、证券交易所与登记结算机构等机构建立信息共享、快捷高效、无缝对接的协同共治机制。打官司的核心是打证据。既要强调投保机构固定与保全证据的维权技能,也要倡导证券监管机构及其派出机构、证券交易所与登记结算机构等机构与投保机构共享行政监管与自律监管的证据与信息,必要时要向人民法院提供原件,确保被告人能够对证据的真实性、合法性与关联性发表质证意见。

市场失灵时,司法权不能失灵。徒法不足以自行,在资本市场法律制度被践踏、投资者的知情权与公平投资权受到侵害、商法自治与契约自由被滥用、上市公司治理失灵时,投保机构必须挺身而出、启动代表人诉讼程序,有效维护公众投资者作为弱势群体的合法权益。人民法院对各类证券代表人诉讼要开门立案、凡诉必理,做到快立案、快审理、快判决与快执行,实现对投资者权益的平等保护、全面保护与精准保护,确保裁判与执行的法律效果、政治效果、社会效果、道德效果与市场效果的有机统一。绳锯木断,水滴石穿!我们期待着特别代表人诉讼对推动资本市场改革、发展与稳定释放更多的正能量,传递更多的好声音。

谢谢各位!

议题2　证券特别代表人诉讼的审裁规则

证券纠纷特别代表人诉讼相关程序性法律问题分析

单素华*

2020年3月1日正式实施的新《证券法》第95条第2款规定了证券侵权纠纷的普通代表人诉讼制度，其中第3款又依法直接赋予了投资者保护机构代表人的诉讼地位，并在诉讼成员范围的确定上采用“默示加入，明示退出”的方式，开创了中国版证券纠纷集体诉讼的新形式，补强了证券民事赔偿诉讼制度对违法行为的威慑功能。我主要从以下三个方面，对证券纠纷特别代表人诉讼相关程序性法律问题谈一下自己的观点。

一、特别代表人诉讼的启动程序

新《证券法》实施后，关于《证券法》第95条第2款和第3款是递进关系还是并列关系观点不一。一种观点认为二者是并列关系。也就是说，投资者保护机构可以接受50人以上委托后自行主动发起特别代表人诉讼。另一种观点认为是递进关系，即应先由投资者依据第95条第2款发起普通代表人诉讼，投资者保护机构接受50人以上委托后以代表人身份申请加入，后再依法转化为特别代表人诉讼。根据最高人民法院于2020年7月31日颁布的《关于证券纠纷代表人诉讼若干问题的规定》（以下简称《规定》）第32条的规定，目前普通代表人诉讼和特别代表人诉讼之间采取的是递进关系，即投资者保护机构只能通过加入已受理的普通代表人诉讼的方式启动

* 上海金融法院综合审判一庭庭长。

特别代表人诉讼程序。

投资者保护机构"加入式"的诉讼模式在司法实践中可能会面临以下两个方面的问题:第一个方面是投保机构在证券侵权案件的选择方面受限。也就是说,对于某一证券侵权行为的群体性诉讼,投保机构能否启动特别代表人诉讼,取决于投资者是否已申请适用普通代表人诉讼程序。投资者保护机构并不完全具有发起集体诉讼的主动权。第二个方面是不同管辖法院可能会对权利人登记范围的认定存在意见分歧。根据《规定》,特别代表人诉讼实行相对集中管辖原则。普通代表人诉讼与特别代表人诉讼会因上市公司住所地与所涉证券集中交易场所地不同而导致案件由不同法院管辖,如上交所上市的住所地非上海的上市公司涉诉的案件。以证券虚假陈述责任纠纷代表人诉讼案件为例,代表人诉讼发布权利登记公告之前必须首先确定权利人范围,而权利人范围认定的关键在于虚假陈述行为揭露日的认定。在通常情况下,揭露日的认定需结合个案具体事实予以判断,认定原则较复杂。如果普通代表人诉讼受理法院认定的揭露日与案件移送后特别代表人诉讼受理法院审查认定的揭露日不一致的,会产生权利登记公告内容的冲突。上述具体问题如何衔接和处理,还需要在审判实践中进一步探索和完善。

二、特别代表人诉讼的调解程序

《规定》关于代表人的诉讼权限采取的是特别授权方式。也就是说,投保机构在诉讼中的代理权限为特别授权,其中一项重要的代理权就是可以代表全体原告与被告进行调解。代表人诉讼采取特别授权的方式避免了民诉法关于代表人处分被代表人的实体权利时需事先征得其同意,从而常常使得诉讼程序烦琐而冗长,甚至陷入僵局。但是,在确保诉讼效率的同时,也要平衡好投资者权利保障问题。最高人民法院司法解释在代表人诉讼调解程序方面特别强调了投资者的知情权、异议权和退出权等,并明确法院对调解草案的审查监督义务。其中,知情权是指与"调解草案"相关的内容和事项要通知到所有原告,确保原告充分了解调解的利弊;异议权是指对"调解草案"有意见的原告,可以向法院提出,并可申请参加法院组织召开的听证会发表意见;退出权是指"调解草案"经法院审查通过后,不愿意加入调解的原告,可以申请退出调解并继续诉讼。

在特别代表人诉讼的调解程序中,法院除应当审查调解内容的合法性、适当性及可行性外,还有一个重要的法律问题就是调解通知的送达方式及有效通知的标准如何审查确定?特别代表人诉讼涉及的投资者通常数以万计,在通知送达的原则上需兼顾有效性和便捷性两个方面。强调送达的有效性是确保投资者的知情权和选择权,这是代表人诉讼调解程序合法的前提保障,另外,鉴于特别代表人诉讼人数众多,基于诉讼效率及诉讼成本的考量,在坚持有效性原则的前提下还应确保送达的便捷性。《规定》第 19 条对于通知方式未予明确。审判实践中,司法送达主要有三种方式:一是邮政送达;二是电子送达;三是公告送达。邮政送达确保了通知的有效性,但司法资源成本过高;公告送达高效便捷,但难以确保通知的有效性。我个人认为,在证券纠纷集体诉讼案件中,唯一切实可行的送达路径是司法与证券监管部门通力合作,通过搭建专门的电子送达平台,根据从证券登记结算机构调取的投资者的电子联络方式,依托信息化技术手段,实现高效便捷的电子送达功能。

三、特别代表人诉讼的上诉程序

无论是普通代表人诉讼还是特别代表人诉讼,根据我国《民事诉讼法》的相关规定,特别代表人诉讼的法理基础是普通共同诉讼理论。代表人与被代表人之间是委托代理法律关系,共同诉讼原告之间的诉请具有可分性,即各原告具有独立的诉讼请求和诉讼权利。因此,根据《规定》中关于代表人诉讼上诉程序的相关规定,无论投保机构决定上诉或者不上诉,原告对于上诉或者不上诉均具有自主决策权。在部分投资者上诉,部分投资者不上诉的情况下,理论上存在一审及二审两份生效判决。《规定》对此特别明确,一审判决仅在未上诉的原告和被告之间发生效力,二审裁判的效力不及于未上诉的原告。我个人理解,根据上述规定,即使二审改判了,而且改判结果对原告有利,未上诉的原告既不能申请按照二审生效判决执行,而且原则上未上诉的原告申请再审也不应予以支持。此外,特别代表人诉讼在投资者保护机构决定不上诉,而部分投资者决定上诉的情况下,会存在一审、二审适用不同诉讼程序的问题。也就是说,投资者保护机构决定不上诉的,就出现了一审适用特别代表人诉讼程序,而二审则需要适用其他诉讼程序。其中主要有三种诉讼方式:一是单独诉讼;二是普通代表人诉讼;三是"单独诉讼 + 示范判决"机制。如果上诉人数较少,采用单独诉讼方式可以相对便捷的解决纠纷,若上诉人数具有一定的数量,则可运用示范判决机制,如此既能较好地衔接一审、二审程序,也能确保诉讼效率。

落实好证券特别代表人诉讼制度的四个维度

袁银平*

主持人、各位嘉宾、各位观众朋友:

大家好!很荣幸受邀参加本次论坛。

新修订的《证券法》已于2020年3月1日起开始施行,最高人民法院近期也发布了《关于证券纠纷代表人诉讼若干问题的规定》(以下简称《规定》),其中正式确立了特别代表人诉讼制度。作为深圳证券交易所所在地的中级人民法院,深圳市中级人民法院是特别代表人诉讼案件集中管辖的受理法院之一。为贯彻落实好新《证券法》以及最高人民法院发布的《规定》,我们进行了认真的学习研究,并在前期出台了《关于依法化解群体性证券侵权民事纠纷的程序指引》(以下简称《程序指引》),积极探索实施。我们认为,落实好证券代表人诉讼制度,需要解决好四个问题。

第一个问题:关于诉讼便利的问题

特别代表人诉讼制度是一个新生事物。如何增强制度吸引力,使各方主体感受到新制度管用、好用,必须做到三个便利:

一要便利投资者集体维权。特别代表人诉讼制度因为适用默示加入,这对于便利投资者诉讼是天然的制度优势。对于已经在先起诉的投资者,深圳市中级人民法院《程序指引》也规定,可以引导其撤诉,由投保机构代表其参加诉讼,使已起诉的投资者也能够充分享受特别代表人诉讼制度的便利。

二要便利投保机构参与诉讼。按照《规定》的精神,投保机构发动的代表人诉讼,法院应当受理,不预交案件受理费,投保机构申请财产保全可以不要求提供担保。深圳市中级人民法院的《程序指引》也作了类似规定,这为投保机构作为代表人顺利参与诉讼活动,提供了最大限度的便利。

三要便利法官办案。法官集中时间和精力审理特别代表人诉讼案件,仅经过一个完整的诉讼程序,就可以解决大批量的纠纷,避免了传统处理方式中多次重复开庭

* 深圳市中级人民法院金融法庭庭长。

的弊端。深圳市中级人民法院金融法庭组建了专门的审判团队办理证券类案件,我们将在实践中不断积累审判经验,提升证券案件的审判水平。

第二个问题:关于证券纠纷多元化解的问题

《规定》提出,人民法院应当充分发挥多元解纷机制的功能解决纠纷。在这方面,深圳市中级人民法院《程序指引》构建了"15233"工作体系,针对不同的案件情况,提出了解决群体性证券民事纠纷的系统化方案。方案的重点在"1"和"5"。其中的"1"即 1 个前置程序。将"调解优先"作为前置程序,并将调解贯穿案件审理全过程,采取立案前委派、立案后委托、诉中邀请等方式,充分调动市场专业资源化解矛盾纠纷的积极性。"15233"中的"5"即 5 大审理机制,包括代表人诉讼机制、合并审理机制、示范判决机制、支持诉讼机制、公益诉讼机制,供法院和当事人灵活选择适用或综合适用。在落实特别代表人诉讼制度的过程中,我们将继续坚定不移地深化矛盾纠纷多元化解工作,努力实现办案法律效果、社会效果的统一。

第三个问题:关于保障投资者诉讼权利的问题

《规定》对投资者的知情权、退出权、听证权、异议权、上诉权等均作出了全面的规定,深圳市中级人民法院《程序指引》对投资者的各项诉讼权利也进行了具体的安排。在特别代表人诉讼中,保障投资者的诉讼权利,个人认为要处理好两个关系:

第一个是法院保障当事人诉讼权利和投保机构保障其所代表的投资者诉讼权利的关系问题。法院作为居中裁判者,既要保障原告方的诉讼权利,也同样要保障被告方的诉讼权利。在特别代表人诉讼中,当然需要顾及众多被代表、实际上没有真正参与诉讼活动的投资者的诉讼权利,但众多投资者的诉讼权利如何得到保障,还是需要依靠投保机构的作为,需要投保机构发挥优势,法院更多时候是作形式审查。

第二个是投资者的个体诉讼权利和特别代表人诉讼整体利益的平衡问题。《规定》中关于特别代表人诉讼的规定只有 9 个条文,未规定的适用普通代表人诉讼的规定。个人认为,充分发挥特别代表人诉讼的制度功能,还是要考虑特别代表人诉讼制度与普通代表人诉讼的区别。今后审判实践中将会遇到的一个突出问题是,特别代表人诉讼中部分原告上诉,虽然《规定》明确二审裁判的效力不及于未上诉的原告,但同一事实可能在一审、二审法院之间形成两个不同的生效判决,会不会引发案件申诉再审,会不会引发投资者与投保机构之间的矛盾,其法律效果、社会效果都有待评估。因此,深圳市中级人民法院《程序指引》明确要求投保机构初始阶段应取得投资者的特别授权,包括上诉权,不同意者可以退出另循法律途径以解决这一问题。

第四个问题:关于信息化建设的问题

特别代表人诉讼涉及的当事人地处天南海北,其中的损失计算、赔付兑现等工作量巨大。深圳市中级人民法院正在推动智慧法院建设,将建立证券期货纠纷在线解决平台,推动建立与证券登记结算机构之间的信息交互系统。投资者可通过上述平台进行身份识别与录入、立案登记、咨询查询、多元调解、计算赔偿金额以及代表人诉讼的登记、公示、分组、推选、投票等,让投资者可以在线完成绝大部分的诉讼活动,彰显司法的公正高效透明。

贯彻落实好证券特别代表人诉讼制度,关键在于各方主体能够形成诉讼合力。这有赖于市场投资者充分了解特别代表人诉讼制度,进行理性维权;有赖于投保机构加大宣传力度,充分发挥专业机构的优势作用;也有赖于其他主体如证券登记结算机构等给予大力支持。在各方的共同努力下,我们相信一定可以把特别代表人诉讼制度落实到位,切实保护投资者合法权益,有效惩治资本市场违法违规行为,维护资本市场健康稳定发展。

谢谢大家!

证券群体性纠纷集约式化解的新探索

——以南京市中级人民法院证券纠纷代表人诉讼的实践为例

黄伟峰*

尊敬的各位专家学者、各位同仁朋友:

大家好!我是南京市中级人民法院金融庭的法官黄伟峰,非常荣幸能够借助本次论坛向各位汇报南京市中级人民法院开展证券纠纷代表人诉讼的实践探索情况,

---

* 南京市中级人民法院金融庭副庭长(主持工作)。

并就实践中获得的感悟求教各位专家。我的发言分为三个部分:一是证券群体纠纷现状与司法解决模式;二是南京市中级人民法院开展证券纠纷代表人诉讼的实践探索;三是开展证券纠纷代表人诉讼的启示与展望。

一、证券群体纠纷现状与司法解决模式

现代市场经济的发展和科学技术的进步,促进了社会主体交往的高频率和行为影响的扩大化,这在创造和丰富人类社会财富的同时,也催生了"大众侵权行为"社会病。因此,集体性纠纷的大量出现是现代社会生活发展的伴生现象,是生产力现代发展所折射出的社会矛盾,是无法完全避免和消除的现实情形。日本学者小岛武司将这种因同一或同因的违法事实所引起的多数人受害的群体性纠纷称为"现代型纠纷"。与传统民事侵权行为侵害利益的相对集中性不同,"大众侵权行为"侵害的利益具有"小额分散"的鲜明特征。证券领域是这类小额分散侵害的高发领域,一家上市公司违法违规的背后往往引发数百起索赔案件。以江苏为例,截至2020年4月末,江苏共有境内上市公司438家,数量位居全国第三。在上市公司总量增长的同时,南京市中级人民法院集中管辖受理的一审证券虚假陈述纠纷也呈现逐年增长态势,2016~2019年分别是1015件、1574件、1926件、2294件,年均增长31.5%。被告涉及十几家上市公司,涵盖上交所主板、深交所主板及"新三板"市场等。证券群体纠纷的原告多为中小投资者,人数众多且分散在全国各地,具有单一原告损失有限、单独诉讼不经济的典型特征,导致广大投资者在诉讼维权时面临集体行动困境,不足以对证券违法违规者产生足够的"震慑"作用。

由此,近年来证券民事诉讼一直致力于尽可能预防和减少集体性纠纷、为证券群体性侵害提供便利高效低成本的司法救济。从诉讼形态上,我国证券群体诉讼先后经历了三个阶段:(1)传统阶段——共同诉讼模式,即原告全体成员参加诉讼,审理方式体现为"单独立案或共同立案+分批合并审理",例如,大庆联谊案中,有单独起诉的也有共同诉讼的,但法院通过分批合并审理的方式,实现了诉讼经济,具有"先易后难"逐步化解群体纠纷规模和复杂性的优势。(2)升级阶段——示范性诉讼模式,即聚焦于共同的法律问题和事实问题,法院选取具有代表性的案件先行审理、先行判决,对延迟审理的平行案件产生拘束力。例如,在方正科技案中,上海金融法院率先探索了个案示范处理带动批量案件调解的路径,避免了重复审理具有共同性的事实

和法律问题。(3)创新阶段——代表人诉讼模式,即只有部分原告作为诉讼代表人参加诉讼,判决的效力及于所有原告。这一模式有利于克服共同诉讼的规模"瓶颈"制约,扩大诉讼容量,同时又较好地解决了示范性诉讼效力扩张局限性的问题。2020年3月1日生效的新修订《证券法》第95条,重新激活了《民事诉讼法》规定的普通代表人诉讼制度,同时开创了代表人诉讼的新形式——特别代表人诉讼,补强了证券群体诉讼制度对违法行为的威慑功能。

二、南京市中级人民法院开展证券纠纷代表人诉讼的实践探索

《民事诉讼法》规定的"起诉时当事人人数尚未确定的代表人诉讼制度"长期以来在司法实践中处于休眠状态。一方面,这是由于法律规定过于原则,缺乏具体的运行机制予以保障;另一方面,也与法院保守慎重的司法态度有关。新《证券法》生效后,南京市中级人民法院认为,与其坐而论道,不如起而行动,决定在涉诉的17家上市公司中,对澄星股份、怡球资源、辉丰股份、蓝丰生化4家公司先行"试水"启动代表人诉讼。选择该4家公司的原因在于:其一,证监会已经对违法违规作出行政处罚决定,侵权事实和行为性质较为明确;其二,已有投资者提起民事诉讼,起诉时间相对集中,且前期未作出示范判决;其三,4家上市公司信息披露违法事项具有一定的典型性又有所不同,包括财务造假、关联交易、重大资产重组、环保事项披露不实等。通过多起案件同步推进,可以尽量地多发现问题、解决问题,以便为证券纠纷代表人诉讼在全国范围的开展摸索经验。

2020年5月8日及18日,南京市中级人民法院针对4起案件先后在法院微信公众号和《人民法院报》发布权利登记公告,"央广网"、《证券日报》、中央电视台财经频道均作了专题报道。2020年6月下旬公告期届满后,南京市中级人民法院对4起代表人诉讼分别确定了承办法官分别审查,有序推进。经过原告资格审核,去除部分不符合原告范围和退出代表人诉讼的投资者,涉澄星股份有240余人提出诉讼,涉辉丰股份有170余人提出诉讼,涉怡球资源有110余人提出诉讼,涉蓝丰生化有80余人提出诉讼,诉讼总标的额约1.16亿元。

2020年7月,最高人民法院制定并出台了《关于证券纠纷代表人诉讼若干问题的规定》(以下简称《规定》),为证券领域适用代表人诉讼提供了制度规范,也为后续案件的妥善审理指明了路径。近期,根据《规定》,代表人选任方案已进一步完善,研

发了网络投票程序,即将开展代表人选任、开庭审理等后续程序。

三、开展证券纠纷代表人诉讼的启示与展望

1. 建设统一的代表人诉讼信息化平台,是证券代表人诉讼发挥其制度价值的必备基础设施。从域外经验看,美国集团诉讼最困难和成本最高的环节是通知、当事人损失的计算、赔偿金分配。《规定》高度重视当事人诉讼权利保护,赋予原告在代表人诉讼中的申请权、复议权、听证权、异议权、退出权,审判事务工作量巨大,要解决好"登记难""选任难""沟通难""审理难"问题,必须求助于统一的代表人诉讼信息化平台,否则代表人诉讼制度并不一定比传统合并审理和共同诉讼模式有明显的效益优势,从而影响该制度的实施效果。

2. 证券代表人诉讼需要强化法院对案件在"相同事实问题和法律问题"方面的职权管理。我国的诉讼代表人制度,是以共同诉讼制度为基础,并吸收了诉讼代理制度的机能而创设。因此,制度创设者偏重从"诉讼标的同一种类"的角度设置证券代表人诉讼启动条件。《规定》第5条为普通代表人诉讼的强制启动条件,规定了人数条件、初步证据条件、代表人人选条件、共同诉讼条件。但在审判实践中,一份行政处罚决定书可能涉及对多个证券违法事项的处罚,投资者会选择起诉对各自有利的证券违法事实,因此,虽然诉讼标的属于同一种类,但实际上并不属于"相同的事实和法律问题"。对于此种情形,人民法院在尊重当事人程序选择权的同时,也要发挥管理职能予以鉴别,确保证券代表人诉讼在事实和法律问题上尽可能"纯化",否则将给后续代表人选任、诉讼推进带来障碍。

3. 充分发挥投资者保护机构的公益职能和专业优势。与美国通过"胜诉酬金规则"激励律师推动证券集团诉讼不同,我国证券代表人诉讼中投资者保护机构发挥着重要作用。首先,《证券法》在代表人资格方面,突破了学理上关于"代表人必须同时是案件当事人"的传统认识,确定了投资者保护机构可以依据法律规定基于当事人的委托而取得代表人的法律地位;其次,在参加诉讼的方式方面,突破了民事诉讼法规定的"明示加入"的诉讼参加方式,规定了投资者保护机构代为登记权利,投资者"默示加入,明示退出"的诉讼参加方式。《规定》第12条第2款进一步强化了投资者保护机构在普通代表人诉讼中的职能定位。投服中心长期立足于投资者维权支持诉讼、持股行权、纠纷调解等方面开展工作,在示范引领中小投资者维权领域具有专业

性、独立性、权威性优势。中国特色证券代表人诉讼制度的真正落地,需要进一步畅通投资者保护机构的支持诉讼机制。

目前,中国特色证券代表人诉讼的制度规范体系已经初具雏形,相应的司法实践也已经在地方法院陆续开展,随着现代科技和信息化手段的司法运用,中国法院对证券群体纠纷的审理方式必将迎来新发展、新变革、新模式,进而为我国证券纠纷代表人诉讼制度的完善提供有益的实践样本。然而,我们也应当清醒地认识到,证券代表人诉讼制度是当前解决证券群体性纠纷的一种重要方式,但绝对不是唯一方式。在现阶段的证券纠纷民事诉讼中,诉讼合并和共同诉讼模式、示范性诉讼模式、代表人诉讼模式将共同发挥作用,亦有可能相互交融衔接。人民法院应当根据不同的案情,尊重和引导当事人选择合适程序,构建司法解决证券群体纠纷的立体化格局,从而以更高站位、更宽视野、更大格局细化和完善相关制度安排,切实探索出一条符合中国国情、具有中国特色的证券民事诉讼之路。

议题3　试点阶段特别代表人诉讼案件选取应考量因素

试点期间特别代表人诉讼案件选取应考量的因素

叶　林*

一、迎接特别代表人诉讼机制

特别代表人诉讼是新《证券法》第95条第3款创设的崭新制度。全国人大常委会根据证券市场上之证券欺诈、内幕交易和操纵市场等纠纷的特殊性，为了有效保护投资者利益，总结民事诉讼的司法实践经验，借鉴域外集团诉讼和团体诉讼的经验，创新性地规定了特别代表人诉讼。根据新《证券法》第95条第3款的规定，特别诉讼代表人诉讼，是指投资者保护机构受50名以上投资者委托，作为代表人参加诉讼。据此规定，特别代表人诉讼规则主要涉及两方面：一方面，承认特别代表人诉讼的地位，明确投资者保护机构的地位；另一方面，引入了投资者明示退出的机制。

特别代表人诉讼，是与民事诉讼法直接相关的崭新制度。民事诉讼规则是由起诉、受理、审理和裁判等一系列规则构成的规范群，新《证券法》第95条仅对特别代表人诉讼的地位和模式作出规定，证券法没有作出规定的，仍然要归回民事诉讼法的规定。因此，特别代表人诉讼制度的运行及其成败和效果，不单纯是证券法问题，还是证券法与民事诉讼相关规则配合适用的问题。在讨论证券法规定时，必须兼顾民事诉讼的规律性和民事诉讼法规定。为了落实特别代表人诉讼，上海金融法院于2020年3月发布《关于证券纠纷代表人诉讼机制的规定（试行）》，作出8条规定；最高人

---

* 中国人民大学法学院教授。

民法院于2020年7月23日通过《关于证券纠纷代表人若干问题的规定》,作出10条规定。其共同构成了我国特别代表人诉讼的主要规则。

特别代表人诉讼,是一项具有中国特色的制度创新。立法者在修订《证券法》时,关注了美国集团诉讼制度和德国团体诉讼制度,也注意到《消费者权益保护法》中规定的团体诉讼制度。新《证券法》借助民事诉讼法关于代表人诉讼的形式,以期达到解决证券市场群体性纠纷的目的,并试图避免美国集团诉讼在实践中带来的负面效果。

对于特别代表人诉讼规则,我国理论和实务界给予高度重视,出现了不少具体的细节讨论,虽然存在少数负面评价,但总体社会和学术评价是正面和积极的。特别代表人诉讼作为一项崭新制度,无以往实践经验可供借鉴,在未来落实时,必须依赖诸多配套措施,必然遇到各种现实问题。如同开发一项新的医疗技术或研制一种新的药品,这个制度需要临床试验,需要在未来摸索和完善。因此,如何落实特别代表人诉讼规则,必然成为各界瞩目的焦点。

二、协调投资者保护机构的多项职责

新《证券法》明文规定投资者保护机构是特别代表人诉讼中的代表人,面对证券市场数量庞大的证券纠纷,投资者保护机构应否开放式地接受投资者的“委托”,抑或是可以选择性接受“委托”,无疑是投资者保护机构面临的首要问题。学术界有观点认为,投资者保护机构应当开放地接受投资者委托,在满足法律规定的投资者超过50人以上的情况下,应当启动甚至不得拒绝启动特别代表人诉讼。这种意见值得商榷。

首先,从民事诉讼法来看,它提供了多种民事纠纷的解决机制。证券市场受害者既可以选择单独诉讼,也可以选择普通代表人诉讼,还可以选择特别代表人诉讼。上述三种诉讼并行不悖。如果要求委托人超过50人时必须提起特别代表人诉讼,无疑会限缩单独诉讼和普通代表人诉讼的适用,甚至出现特别代表人诉讼替代单独诉讼和普通代表人诉讼的情况,进而造成三种模式的不平衡状况。

其次,从投资者保护机构来看,“公益性”不等于强制接受委托,不等于投资者保护机构“包打天下”。投资者保护机构提起特别代表人诉讼具有公益性。公益性作为与私力救济甚至公力救济相对应的概念,表明其代表众多投资者利益而提起诉讼。然而,何者为公益在标准设定和识别标准上是存在差异的。新《证券法》规定的50人以上投资者只是一个最低要求。不同上市公司股权分散程度不同,有的人数众多,有的人数较少,有的主要是机构投资者,有的主要是散户投资者,面对如此差异,需要由投资者保护机构基于对公益的理解,在个案中作出具体判断。只要超过50人就必须接受委托的解释,带有较强的形式主义和概念主义色彩。不能因为特别代表人诉讼具有公益性,就排除投资者保护机构的自主判断,若变相强制投资者保护机构提起特别代表人诉讼,或许无碍于公益,却有损投资者保护机构的独立性。

最后,特别代表人诉讼应当具有示范性。投资者保护机构在参与代表人诉讼中,应当基于公益性、特殊地位以及自主判断而形成良好的工作机制,实现工作效果和社会效果的有机统一,发挥特别代表人诉讼的引领和示范作用,合理协调与其他诉讼模式之间的关系。上海金融法院采用了示范判决的做法,初步来看也是符合现实需要和成功的。特别代表人诉讼作为一种示范性的诉讼模式,应该关注重点案件,而不能涵盖所有的案件。至于如何确定特别代表人诉讼的案件类型,显然异常重要。

证券纠纷案件数量众多,案件类型复杂多样。有些涉及定性,有些涉及定量;有些人数众多,有些人数稀少;有些不涉及赔偿,有些则涉及赔偿;有些恶性案件民愤极大,有些是轻微案件……区别种种,无法整齐划一。如果将各种案件都压在投资者保护机构身上,在理论上过于简单,也无法解决资源有限的问题。

三、协调投资者保护机构的内外部关系

目前,我国的法定投资者保护机构有两家,即投服中心和证券投资者保护基金,未来是否设置或发展更多的投保机构,目前难以确定。就投服中心而言,必须处理好内部职能协调以及外部职能协调两个问题。

1.投资者保护机构职能的冲突

投服中心作为投资者保护机构,带有鲜明的中国特色和独特优势。然其自身定位与特别代表人诉讼之间难免存在冲突。例如,投服中心在历史上有持股行权、纠纷调解、诉讼与支持诉讼、投资者教育等职能,现又发展出损失金额的协助计算功能。投服中心发动特别代表人诉讼,与上述传统或既有职责存在配合和协调。

首先,持股行权配合示范判决机制,部分实现与特别代表人诉讼相似的功能。持股行权是基于投服中心持有上市公司股份为基础,并由投服中心以股东身份提起诉讼。投服中心以股东身份起诉后,获得胜诉再借助示范判决,至少可以部分替代特别代表人诉讼。因此,如何平衡两者的关系,有待深入探讨。

其次,在投资者单独提起诉讼或者采用普通代表人诉讼方式提起诉讼时,投服中心仍可在该等单独诉讼或者普通代表人诉讼中,以普通代表人诉讼方式加入其中,或者以支持机构名义介入诉讼。此时,容易出现职责的重叠。

另外,投服中心以辅助诉讼方式参与诉讼时,或与特别代表人诉讼之间产生冲突。例如,法院在审理案件尤其是计算赔偿数额时,或会请求投服中心提供相关数据和计算依据。如果投服中心既提供相关数据和计算依据,又要发起特别代表人诉讼,将在特定案件中构成显性或隐性的冲突。投服中心作为辅助人参与诉讼,主要是服务于案件处理,若以代表人方式出现,则将失去中立性。因此,在特别代表人诉讼中,投资者保护机构无法作为辅助人;在充当辅助人的情况下,也无法作为代表人。

2. 投资者保护机构与律师事务所和投资者的关系。

投资者保护机构在外部,需与律师事务所和投资者之间进行良性互动。无论投资者保护机构决定受理或者拒绝受理委托,都需要律师事务所和中小投资者的配合,彼此间应有良好互动关系,既要充分利用律师事务所的专业性优势,又要与投资者保持良好互动机制。让好的制度发挥作用,避免好的制度在实务中变形,从而减少外界不必要的指责、不满和批评。

投资者保护机构发起特别代表人诉讼,会与律师业务出现竞争局面。对于投资者保护机构发起的特别代表人诉讼,一些律师事务所或许认为这抢走了他们的生意,在有些时候,律师事务所也可能会把类似疑难案件“转移”给投资者保护机构,作为解脱自己责任的方式。要减少乃至避免与律师事务所发生案件争夺,凡能通过律师事务所来解决的案件,投资者保护机构应当予以宽容和退让,尽力让市场机构采用市场力量解决相关纠纷,而不是与之争夺案源。此外,投资者保护机构与投资者之间,也存在利益的协调。首先应该肯定的是,投资者有权选择明示退出,这使投资者保护机构的活动基本上能够得到投资者支持,然而,这仍然无法避免少数投资者不满意投资者保护机构主导的诉讼结果。中小投资者的价值判断与投资者保护机构不同,他们通常会将相关事项交付给投资者保护机构,自己则静等并接受案件处理的结果。有的则认为投资者保护机构提出的诉讼或赔偿方案不符合自己要求,难免出现事后指责投资者保护机构的情况。对此,投资者保护机构不太可能对这些意见和看法作出一一回应。由此,长此以往的结果未必总是有利的。

对于律师事务所发起的案件,投资者保护机构似乎可以偏重于扮演其他角色。律师事务所是须考虑商业利益的,通常按胜诉和败诉的结果向当事人收取费用,对于投资者来说,诉讼成本是偏高的。投资者保护机构是公益性组织,虽然也要聘请律师,也会产生成本,但诉讼成本相对低廉。因此,如果投资者关心诉讼成本,就难免向投资者保护机构倾斜;如果不甚关注诉讼成本,则有可能平衡对待投资者保护机构和律师事务所。面对如此复杂的状况,投资者保护机构应当发挥自身优势,减少对律师事务所业务的挤压。

与此同时,投资者保护机构必须建立某种选择机制,与律师事务所相互配合,协调好与投资者的关系。因此,投资者保护机构自身职能协调以及与律师事务所和投资者之间的协调,是未来实务操作上的重大难题。

四、搭建公平与透明的选择机制

投资者保护机构必须建立起选择制。这种选择必须以良好的工作机制作为运行前提。在案件筛选中,应当秉持公益的价值观,应当反映自己的价值观,应当体现公平、透明、专业的特点,应当独立判断,尽量避免误解,降低冲突,发挥效能,服务于证券市场法律秩序。在此前提下,必须作出合理的权衡斟酌和选择,提高代表人诉讼运行的有效性,特别关注以下问题。

第一,案件社会影响。各类案件数量众多,社会影响大小不同,从示范功能来说,必然要作出选择。只有通过这样的一种方式,才能更好引导案件处理,引导投资者诉讼方向,形成一些可复制的经验和做法,在最大限度内体现公益的属性。

第二,胜诉概率因素。无论是否存在行政处罚的前置程序,任何案件都存在胜诉和败诉的两种可能;在确定赔偿数额时,总有赔偿金额多寡的差异。投资者保护机构不可能不考虑胜诉和败诉,也不可能不考虑赔偿金额的多寡,亦不可能不考虑案件审理的难度。上述因素关乎投资者保护机构的社会声誉。如果投资者保护机构发起的诉讼屡屡受挫,将影响投资者保护机构声誉,影响被代表的投资者,影响特别代表人诉讼机制的有效运行。

第三,案件的典型性。有些案件系常规案件,在定性和损害赔偿计算上,无太大困难。对于这类案件,未必需要投资者保护机构发动特别代表人诉讼,投资者保护机构完全可以以持股行权或者持股诉讼等方式予以配合。投资者保护机构应该关注典型性和趋向性案件。

第四,案件诉讼请求。证券纠纷既涉及确认之诉,也涉及行为之诉和给付之诉。

我国《消费者权益保护法》规定了与特别代表人诉讼功能相似的团体诉讼。在执行过程中,中国消费者协会和省级消费者保护组织起诉的诉讼案件数量不多,绝大部分案件仍由消费者自行起诉。中国消费者协会甚至多次开会讨论案件选择,审慎对待拟选择的案件,这也避免了对其他诉讼的冲击。其初步经验是,关注需要定性的案件。需要定性的案件中包括对格式条款的认定、对违反产品标准的认定等,但不包括主张索赔的案件。这一经验或许是有启发的。不能怀着投资者保护机构"包打天下"的想法,这种想法是不切实际的,也是不可持续的。凡是与赔偿金额相关的诉讼,应当谨慎为之,应该侧重于不直接涉及赔偿的那些案件。

五、结　束　语

投资者保护机构是特别代表人诉讼的发动者,但不应影响或减损投资者保护机构其他职能的发挥。应当激励社会各界,采用多种法律手段保护投资者利益,不期待投资者保护机构承接投资者希望委托的各种案件。投资者保护机构必须作出自主和独立判断,秉持公益、公平、透明和专业的原则,谨慎选择案件,在关乎定性和投资者保护发展方向的案件上,作出更多努力。

投服中心参加特别代表人诉讼的选案标准:学理视角与参考建议

郭　雳*

新《证券法》确立了具有中国特色的集体诉讼制度,现阶段主要由投服中心参加特别代表人诉讼的格局初步形成。然而,囿于人力、财力等限制,投服中心实际能够参与的案件必定有限。因此,合理设置选案标准,以有限资源发挥制度最佳效果,是特别代表人诉讼需要探讨的重大问题。

一、特别代表人诉讼制度的价值定位

我国特别代表人诉讼制度的最大特色是以投资者保护机构为主导。就各国资本

* 北京大学法学院教授。

市场而言,为投资者提供救济和惩戒威慑违法者都是证券侵权群体诉讼的制度初心,但这两点在律师主导型的证券集团诉讼中往往事与愿违。

以美国为例,其证券集团诉讼由律师来发起、推进,在胜诉酬金制度的激励下,实践中,律师经常会过度追求自身收益而忽略投资者利益,比如,律师一般希望尽快与公司达成和解而无论其能否使投资者利益最大化。又如,律师可能揪住上市公司的一些小过错而发起集团诉讼,导致扰诉、滥诉等问题。

作为公益性投资者保护机构的投服中心,更能真正做到以投资者整体利益为依归。同时,投服中心的公益性质及其有限资源,决定了它无法启动过多诉讼,此外,投服中心不会像律师那样追求高额收费,这有利于让投资者获得更多赔偿。

二、投服中心案件选取的基本原则

特别代表人诉讼制度想要充分发挥上述优势,投服中心在选取拟参加特别代表人诉讼案件时需遵循法定、公益和效率等原则。

第一,法定原则。投服中心选取案件时,首先应遵循法律法规、司法解释和证监会规定的要求,既不能超越法定授权,也不应回避职责。

第二,公益原则。无论是制定参加特别代表人诉讼的选案标准,还是就个案决定是否参加,投服中心都应把公共利益作为重要考量。如果某案件中存在严重扰乱证券市场秩序、严重损害投资者利益的行为,投服中心就应考虑参与。

第三,效率原则。投服中心毕竟资源有限,应当合理配置。投资者获得救济和惩戒威慑违法者均建立在投资者实际获得赔偿之上,倘若违法者偿付能力有限,案件复杂,而投服中心付出成本较大,即便案件胜诉也不能实现特别代表人诉讼的制度目的,则投服中心应慎重考虑。

三、对现行选案标准的理解

《中证中小投资者服务中心特别代表人诉讼业务规则(试行)》[以下简称《规则(试行)》]第4章规定,投服中心在决定是否参加某起特别代表人诉讼案件时需遵循四个步骤:初步筛选、预研报告、专家评估、最终决定。

在初步筛选环节,《规则(试行)》第16条列有3项主要标准:

第一项是“有关机关作出行政处罚或刑事裁判等”。之前该标准一直是受损投资者提起虚假陈述民事诉讼的前提。这一标准也能为投服中心参加特别代表人诉讼扫除取证障碍。因为投服中心是非营利性机构,缺少合适途径和能力开展调查取证工作,而且其取证工作与证监会或检察院的调查工作也存在较大重叠。

第二项是“案件典型重大、社会影响恶劣、具有示范意义”。如实践中康美药业、康得新这类情况。

第三项是“被告具有一定偿付能力”。前述提及制度设计的两大目标,只有在违法者具备偿付能力,并实际赔付时方能实现。因此,偿付能力标准契合效率原则。不过,“一定偿付能力”的含义不够明确,容易引起争议。

在预研报告环节,《规则(试行)》第17条明确预研报告应包括公司信息、案件信息、法律争点和其他需考虑因素等4项内容。设置该环节是希望进一步筛选案件,而公司信息等属于案件客观事实,相对而言,法律争点等更具实质意义。

目前专家评估环节所罗列的考虑因素比较宽泛,未来需要进一步聚焦。《规则(试行)》第18条涵盖了市场宏观形势(国家经济金融形势、资本市场改革发展)和案件微观角度(具体案件情况、社会舆情)。投服中心当然有必要倾听社会舆情,特别是投资者的重点关切,但在选取案件时,不应偏离特别代表人诉讼的制度价值而做相关决定。

四、选案方面的参考建议

可能是基于制度起步阶段的慎重起见,投服中心目前的选案程序稍显烦琐,而选案标准则趋向严格。为此,谨提出以下参考建议。

首先,在把握“案件典型重大、社会影响恶劣、具有示范意义”这项标准时,可重点考虑“案件(是否)涉及重大公共利益”。这样理解有助于适当降低门槛,扩大可选案件的范围。同理,建议适度从宽解释“被告具有一定偿付能力”的标准。

其次,针对预研报告环节,有两项改进建议,以使其进一步发挥筛选案件的功能。第一,将替代救济途径作为选案因素。如果投资者能够通过示范诉讼、责令回购等制度工具更加高效地获得救济,则投服中心可以考虑不参加特别代表人诉讼。第二,将案件胜诉概率作为选案因素。如果投服中心在分析案件法律争点后认为该案获得赔偿的希望不大,则可选择不参加该案,而把宝贵资源投入其他案件中。

最后,专家评估环节的程序价值和功能定位有待实践检验。从程序便利角度出发,建议将专家评估环节设为可选程序而非必备程序。因为有些案件如果事实清楚、法律争议不大,召集专家进一步论证评估的辅助判断作用可能有限。此外,就选案而言,建议重点围绕预研报告、具体案件情况和社会影响等三个因素。

特别代表人诉讼案件选取的考量

张 巍*

仲夏七月的最后一日,《最高人民法院关于证券纠纷代表人诉讼若干问题的规定》《关于做好投资者保护机构参加证券纠纷特别代表人诉讼相关工作的通知》《中证中小投资者服务中心特别代表人诉讼业务规则(试行)》相继发布。至此,2019 年年底公布的新《证券法》第 95 条第 3 款中独具特色的中国式证券集团诉讼已初现雏形。

此次新规中最引人注目的无疑是特别代表人诉讼制度,而在此项制度的实施中间,投服中心将承担重要任务。对投服中心来说,能否有效利用特别代表人诉讼制度,维护好资本市场的正常秩序,令中小投资者的利益得到切实保护,关键的一步在于是否能选择适当的案件参与诉讼。以下简单来谈三个问题:投服中心为什么要选案,选案的原则有哪些以及应该选取怎样的案件。

首先,投服中心为什么要选案?第一个理由,作为由国家设立、靠税金支持的公益性机构,投服中心必须把有限的公共财政资源投入最有效的公共服务中去。换句话说,投服中心应当选案,根本原因是不能浪费纳税人的钱。除非资源无限,否则证券市场的监管部门必定要挑选一部分证券违法行为优先采取行动,这在所有治理有效的国家都是一样。第二个理由,证券监管——包括发起公益性证券集团诉讼——的最终目的是震慑违法。补偿受害人的确重要,但损害既已造成,十赔九不足,何况还需要另外耗费成本来追责。因此,比起赔偿来,在公共资源支持下的证券执法行为,首要任务应该在震慑,震慑不力,违法的源头就堵不住。说到底,让违法者付出赔偿,还是为了震慑潜在的违法者。

如果以震慑作为证券监管的主旨,那么,广大投资者能够一体享受到的应当是执

* 新加坡管理大学法学院副院长。

法者防患未然,不让投机分子有机可乘这样一种利益。降低欺诈发生的概率,整肃整个资本市场的秩序,这样一种利益会均匀遍布全体资本市场的投资人,可以说是最公平的结果。而追诉哪个案子,产生的震慑效果不会相同,并且这种效果也不会按照先来后到而由强转弱。如果不把有限的执法资源用在加强震慑的"刀刃"上,到头来非但损害投资人的违法行为不减反增,执法的成本恐怕也会节节攀升。

其次,投服中心选案应该遵循一些什么样的原则?站在震慑潜在违法的立场上,投服中心选择参与特别代表人诉讼的基本原则就是以尽可能少的资源投入,产生尽可能大的震慑效果。也就是说,投服中心要比较投入与产出,优先选择产出比投入高的案子来参与。

这里要摆正一个观念,就是说公益机构并不是可以不计成本。公益本身就是公众的收益大于公众的成本之意,反过来就成了公害。所谓公益,只是不以直接参与诉讼者的私人成本收益为计较,而是装着全体投资人的成本和收益。美式集团诉讼之所以失败,在于其没有能够顾及公益,而不在其策动计较成本收益之心——恰恰相反,集团诉讼的长处就是策动当事人成本收益的考量,达成聚沙成塔的效果。

还需要指出的是,作为投服中心选案原则的成本收益考虑,指的是由投服中心自身投入的办案成本与投服中心自身行为带来的震慑收益之间的比较,而不能纳入其他机构、个人已经投入的成本和已经带来的收益。这是理性之人看边际这条经济学基本原理的必然结论——投服中心要不要参与某些案件,只应该看它自身行为能产生多少贡献。这里所谓的其他机构,最重要的当然就是已经对违法行为作出行政处罚、刑事制裁、自律监管措施的那些机构。

最后,投服中心究竟应该如何来选案?如果秉持以震慑为目的,以自身的成本产出(社会的边际成本产出)为归依的原则,那么投服中心选案也就有了切入点。从震慑潜在违法的产出来看,当然要选择能带来重大社会影响的案件,否则无法产生良好社会效果。这个道理很简单,但重要的是,应由选案引起巨大社会反响,而不能反过来,只选已经具有重大社会影响的案子。换句话说,投服中心需要重视自身带给社会的影响。

那么,什么样的案件能带来重大社会影响呢?我认为大概以下两类案件最有可能产生这样的影响,第一类是让违法者"从天堂堕入地狱"的案子。简单来说,就是能让实施证券欺诈者付出大量赔偿,直至倾家荡产的案件。

这里有三大要点。其一,也是最重要的是打击违法的个人,或者是与这种个人利益攸关的法人。从证券欺诈中获得利益的,其实并不是发行人这个法人,而是躲在发行人背后的高管、大股东,或者某些中介机构的负责人这些具体的个人。抓不住这些人,光拿发行人"开刀",最后受害人得不到充分赔偿,哪里来什么震慑违法的重大影响?

其二,要能从欺诈者这里得到大量的赔偿。抓到的首恶如果已经一文不名,在民事诉讼中起不到什么震慑的作用。从这个角度来看,证监会通知和投服中心规则提出的被告要有一定的赔偿能力这个标准有一定的道理。

其三,要能让首恶赔到倾家荡产。也就是说,非但赔偿的绝对数额要够大,而且相对于被告资产的数额也要足够大——大到超过那些能令违法者倾家荡产的事例才能产生足够的震撼力,让有心试法者回心转意。

从这三个要点来看,投服中心要选的第一类案件应该有明确的个人责任人,这个(些)人有能力进行赔偿,而且受害人遭受的总体损害数量也足够大。

第二类能产生重大震慑影响的案件是出乎意料的案件。在违法者自以为神不知鬼不觉的时候对其进行突然袭击,能让其无处藏身。也许这类案件的整体社会效应不如前一类火爆,但它属于精准打击。对那些有违法的念头,正想要试探执法者能耐的人来说,这样的精准打击最能瓦解其侥幸心理。

要找到这样第二类案件,投服中心就不能顺着已经产生的社会影响来按图索骥。恰恰相反,要做到出其不意,就必须不让有心违法的人抓到投服中心选案的规律。所以,投服中心选案不要根据行业、规模、股价、声誉等外在指标形成系统性倾向,而是要注重有没有违法行为的嫌疑。

从投服中心的成本看,当然那些违法证据比较确凿,胜诉把握较大的案件在同等条件下应予优先。这应该也是证监会和投服中心提出以存在行政处罚、刑事制裁为选案标准最重要的理由。

不过,关键是"同等条件"能不能够成立,而这里所谓的同等条件,首要就是震慑的效果。也就是说,由投服中心参与诉讼这个行为本身带来的震慑效果。很遗憾,已经遭受行政处罚,尤其是刑事制裁的被告,再由投服中心领头提起民事诉讼,额外增添的震慑只怕不会太大。倘若投服中心参与民事诉讼新增的震慑效果很小,那么,哪怕只有很少的投入,也会得不偿失。

说到此,我们就有必要回过头来思考一个根本性问题——到底为什么要引入默示加入的证券集团诉讼?是为了在行政监管之外,另外开辟一条发现违法、震慑违法的途径,还是仅仅为了跟在行政监管后面增加一些对受害人的补偿。

如果是后者,那么集团诉讼实际可有可无。既然违法行为是由证监会发现、处罚的,那么只要把罚金定得和投资人的损害一样大(或者更大),再把相当于损害数额的罚金存入某种赔偿基金,按比例发放给投资人就行了。证监会完全有能力知道在受欺诈影响的特定时间内,有多少投资人受害,也计算得出每股遭受多少损害,至少按照现有的公示来算是没有问题的。

所以说,真正有意义的集团诉讼是前一种,就是作为独立于行政监管,发现违法行为的机制。美国设置默示加入的集团诉讼的原因不仅是要在诉讼利益上聚沙成塔,更要令违法行为的信息集腋成裘,而要完成集团诉讼的这一真正使命,投服中心必定要能独立发现违法,独立起诉违法。

如此一来,投服中心参与集团诉讼的成本就可能要增加。不过,相比独立发现、起诉违法行为的收益来,这种成本仍然可能是值得的。何况投服中心也可以设法降低发觉违法的成本。

集团诉讼的成功离不开调动投资人的积极性,投资人要自行调查清楚违法证据,到法庭上和被告打官司,可能成本巨大,但向投服中心提供一些初步的违法迹象、线索仍有可能以较低的成本办到。因此,投服中心有必要设法鼓励投资人检举违法。

当然,即便有投资人提供线索,投服中心仍要核实查证,筛选最有可能的违法行为来提起诉讼,而要降低这方面的成本,也许最好的办法是把功夫用在平时,尽快把握发行人的异常行为,随时评估疑点。投服中心既然持有各家上市公司的股票,也该像机构投资人那样,及时关注各家的财务经营动向。在投服中心内部既要有分析师捕捉上市公司的信息,也要有专人负责与上市公司联络沟通,澄清可能的疑点,以免积小患成大患。

也许有人以为如此要求投服中心主动发掘违法,似乎过于苛刻。然而,要是像浑水公司那样完全私人运营,没有任何官方授权的组织尚能以一介普通投资人的力量挖掘出不为人知的违法内幕,那么我相信得到各方大力支持的投服中心更有理由做到这点。

实际上,看似出人意料的证券欺诈案件,往往事先都有蛛丝马迹可循,从世通公司发行欺诈,到麦道夫诈骗,再到瑞幸咖啡造假都是这样。投服中心也不妨向做空机构取取经,或者索性从那里引进一些人才。

当然,中国的证券集团诉讼还只是雏形初现,不可能一蹴而就,没有配套的民事诉讼规则,尤其是证据规则的改革,以及更深层次的司法机制改革,投服中心也是孤掌难鸣。在此,我只是希望中国的证券集团诉讼从一开始就能志存高远,不畏艰难,循序渐进,在建设一流资本市场的事业中尽显峥嵘本身。

议题 4　投保机构在调解程序中的协调与平衡

如何发挥投保机构在调解程序中的作用

蒋惠岭*

各位领导、各位专家、各位同仁,大家下午好!

非常感谢论坛主办方邀请我参加第三届投服论坛。随着我国全面深化改革进程的推进,对证券中小投资者保护的理论研究和制度建设越来越成为各界关注的重点。近年来,对中小投资者的立法保护体系日益完备,司法保护方式不断创新,行政保护机制全面升级。其中,调解机制的发展已经成为最大的亮点之一了。

关于如何发挥投保机构在调解程序中的作用问题,下面我结合亲历的司法改革工作,以及平时对多元化纠纷解决机制的观察研究,在这里谈四点意见。

一、发挥角色优势,协助做好顶层设计

我国的投资保护机构在投资者权益保护方面具有其他机构所不可替代的专业优势和角色优势,它的代表性、中立性、权威性、全面性都是最宝贵的资源。虽然我国证券法对证券纠纷解决机制已经有一些创新,但是在调解组织体系、受案范围、调处方式、调解规则、调解员资质、赔付标准、经费保障等方面仍然缺乏统一性。

在当前实现社会治理体系和治理能力现代化的进程中,特别需要投保机构密切配合相关部门,按照"党委领导、政府负责、民主协商、社会协同、公众参与、法治保障、科技支撑"的 28 字的社会治理体系,在现有法律框架基础上,吸收改革试点的成功经

---

* 同济大学特聘教授、法学院院长。

验,放眼长远,精心研究,提出关于我国证券期货业纠纷解决机制,特别是调解机制的5年或10年发展规划。

二、完善调解程序,实现调解规范运行

相关法律、司法解释和其他规范性文件已经建立了证券纠纷的调解机制,各个调解组织也都制定了相应的调解程序。在当前我国调解制度迅速发展、外国调解服务扩张渗入的背景下,确保调解程序的科学性、公正性、便捷性显得尤其重要。调解是一种法律服务,也是国家司法制度的重要组成部分。在发达国家,与法院诉讼相比,调解也被戏称为"二等司法"或"二等正义"(Second Class Justice)。尽管正义不是调解制度追求的唯一目标,但正义依然是调解的生命,只是它未必属于法律的正义,而是一种量身定制的正义、经济便捷的正义和"双赢"的正义。

要实现对投资者合法权益的保护,公平的调解程序不可或缺。调解机构的中立性有没有保障,调解过程中如何推进程序顺利进行,调解员如何处理与当事人之间的关系,当事人在调解过程中的权利义务如何界定,调解保密原则是否落实到位,调解员的素质和职业道德水平能否适应调解工作的要求等等,都是投保机构在完善调解程序方面应当关注的问题。即使目前无法形成统一适用的调解程序,至少可以建立一套调解程序指南,或者调解示范规则,为各种调解机构提供参考依据。

三、巩固枢纽地位,做好内外协调衔接

从某种意义上来说,投保机构承担着证券纠纷解决机制的组织者、协调者和促进者的角色,特别是调解机制的对外衔接工作。相关法律、政策、司法解释、规范性文件已经规定了投保机构与其他机构的很多对接机制,包括调解与诉讼和仲裁的对接,与监管部门、市场主体之间的协作,与稽查执法条线的配合等。同时,投保机构还要调动上市公司、证券期货经营机构的积极性,督促它们承担投资者投诉处理的首要责任,提高它们的合规管理水平。

这里要特别提到的是如何做好"调解与诉讼"的对接问题。最高人民法院的司法政策已经赋予投保机构大量的显性或隐性的职责。例如,建立证券期货纠纷特邀调

解组织和特邀调解员名册,以适应证券纠纷调解工作的专业化要求;经调解组织主持调解达成的调解协议,具有民事合同性质;当事人可以就调解协议向人民法院申请支付令,或者向公证机构申请赋强公证;调解协议经调解员和调解组织签字盖章后,双方当事人可以共同申请有管辖权的人民法院进行司法确认;调解机构接受人民法院的委派调解或委托调解,与诉讼实现无缝衔接;在依法对未涉诉纠纷实行调解前置的基础上,对于涉诉纠纷也鼓励探索建立调解前置机制;建立无争议事实记载机制,固定当事人已经没有争议的事实;实施"示范判决+纠纷调解"机制,节约司法资源、提高解纷效率。这些工作的完成,都离不开投保机构的艰苦努力。

四、加强调解培训,提升纠纷解决能力

在调解机制完备、调解程序健全之后,调解员的素质和能力便成为关键因素。在目前我国调解员水平和能力还难以适应当事人对纠纷解决服务需求的背景下,投保机构应当充分发挥资源丰富、号召力强的优势,建立调解员业务培训制度。随着国际上纠纷解决服务竞争越来越激烈,投资者对调解服务的要求也越来越高,这更需要投保机构认真、系统地研究如何加强调解员培训,如何提升调解能力。因此,投保机构应当按照正规化、专业化、国际化的要求,从中国国情出发,参考国际标准,组织调解员培训,提高调解员的政治水平和业务素质,为调解员提供工作指南,制定严格的职业道德准则,确保调解员的中立性。其实,调解培训自身也是一项专门性很强的工作,绝非一般的经验交流,需要有专门的团队、师资和培训方法予以支撑。

基于以上四个观点可以看出,证券纠纷解决机制的发展一定会有广阔的前景,投保机构在构建我国证券纠纷调解机制方面还有很大的发展空间。当然,调解事业的发展最终还是要依靠调解的公信力,还是要落在调解能力和调解程序的"实力"上。只有尊重乃至敬畏调解工作自身的客观规律,投保机构才能在调解机制中找到自己的正确位置,赢得良好声誉,最终发挥社会治理的功能,满足当事人多样化的纠纷解决需求。

把握投资者保护的全局观念　做好调解中的协调与平衡

李有星*

在证券涉众性纠纷案件的处理中,最有效率和合适的途径是调解。在投服中心等投保机构介入的情况下,投保机构能够切实代表中小投资者利益、在调解程序中做好有效的协调与平衡,使双方接受调解方案以解决争议。其中,重要的是把握投资者保护的整体、全局观念,平衡证券资本市场参与者的整体利益,做到以下几点。

一、充分认识保护投资者利益与证券市场健康发展的关系

新《证券法》第 1 条规定,为了规范证券发行和交易行为,保护投资者的合法权益,维护社会经济秩序和社会公共利益,促进社会主义市场经济的发展,制定本法。其落脚点在于促进发展。新《证券法》第 168 条规定,国务院证券监督管理机构依法对证券市场实行监督管理,维护证券市场公开、公平、公正,防范系统性风险,维护投资者合法权益,促进证券市场健康发展。其最终目的是促进证券市场健康发展。保护投资者合法权益与促进证券市场健康发展是一致的,解决证券市场的赔偿纠纷需要投保机构的总体把握、协调与平衡。

二、正确认识投资者利益受损害的多重性、复杂性

证券市场系多方参与的财富再分配市场,投资者是市场繁荣发展的基础。投资者是一个宽泛概念需要细分。投资者之间存在弱肉强食的丛林规则,一些伤害就是来自投资者群体自身。

投资者面临的多重侵害包括:一是发行人、上市公司等信息披露义务人;二是证券公司、会计师事务所、律师事务所等中介服务机构;三是上市公司的控股股东、实际控制人;四是机构投资者和向上市公司索赔的过去投资者;五是证券交易、结算、自律和监管机构等主体的可能侵害。

* 浙江大学法学院教授。

三、充分考虑未来投资者保护和行业整体利益保护的平衡

投资者保护是一个整体概念,包括过去投资者、现在投资者和未来投资者的平衡保护。在涉及上市公司的欺诈上市、虚假陈述、内幕交易、操纵市场的案件中,提起诉讼要求索赔的通常是过去投资者,被告主要是上市公司、券商或中介服务机构。过度地保护过去投资者的利益就等于过度地伤害现在投资者和未来投资者的利益,导致业界所称的“二次伤害”“三次伤害”现象。在某些情况下,一味强调对过去投资者的保护,会对上市公司和证券公司、券商、会计师事务所等行业产生过于不利的影响。

在证券市场中,决定投资者受损害或不受损害的许多因素是变动的,这为投保机构的协调和平衡留下空间。证券市场有其特殊性,因他人内幕交易、虚假陈述、财务造假、操纵市场等行为而“搭便车”地在交易中获得的利益同样受到保护,投资者不会因他人的违法犯罪行为致使自己的证券交易归于无效或所得利益被收缴。因此,这种特殊性注定了投资者的各种利益会因某些要素的改变而改变。例如,在虚假陈述的民事赔偿中,虚假陈述日、揭露日、基准日、市场系统性风险、行业风险等因素的变化直接导致原告资格、损失数额等变化。这为投保机构在调解中行使协调和平衡提供了基础条件。

四、充分关注证券公司、证券服务机构的免责事由和过错程度

新《证券法》第88条规定,证券公司向投资者销售证券、提供服务时,应当按照规定充分了解投资者的基本情况、财产状况、金融资产状况、投资知识和经验、专业能力等相关信息;如实说明证券、服务的重要内容,充分揭示投资风险;销售、提供与投资者上述状况相匹配的证券、服务。证券公司违反上述规定导致投资者损失的,应当承担相应的赔偿责任。

《全国法院审理债券纠纷案件座谈会纪要》第30项“债券承销机构的免责抗辩”规定,债券承销机构对发行人信息披露文件中关于发行人偿付能力的相关内容,能够提交尽职调查工作底稿、尽职调查报告等证据证明符合下列情形之一的,人民法院应当认定其没有过错:

(1)已经按照法律、行政法规和债券监管部门的规范性文件、执业规范和自律监

管规则要求,通过查阅、访谈、列席会议、实地调查、印证和讨论等方法,对债券发行相关情况进行了合理尽职调查;

(2)对信息披露文件中没有债券服务机构专业意见支持的重要内容,经过尽职调查和独立判断,有合理的理由相信该部分信息披露内容与真实情况相符;

(3)对信息披露文件中相关债券服务机构出具专业意见的重要内容,在履行了审慎核查和必要的调查、复核工作的基础上,排除了原先的合理怀疑;

(4)尽职调查工作虽然存在瑕疵,但即使完整履行了相关程序也难以发现信息披露文件存在虚假记载、误导性陈述或者重大遗漏。

2019年《全国法院民商事审判工作会议纪要》第78条"免责事由"规定,因金融消费者故意提供虚假信息、拒绝听取卖方机构的建议等自身原因导致其购买产品或者接受服务不适当,卖方机构请求免除相应责任的,人民法院依法予以支持,但金融消费者能够证明该虚假信息的出具系卖方机构误导的除外。卖方机构能够举证证明根据金融消费者的既往投资经验、受教育程度等事实,适当性义务的违反并未影响金融消费者作出自主决定的,对其关于应当由金融消费者自负投资风险的抗辩理由,人民法院依法予以支持。

在实践中,法院应把握相应的自由裁量空间,为协调与平衡服务。

五、坚持"卖者尽责、买者自负"原则的思维

无论是股票市场、债券市场以及金融消费市场,必须坚持"卖者尽责、买者自负"原则,将金融消费者是否充分了解相关金融产品、投资活动的性质及风险并在此基础上作出自主决定作为应当查明的案件基本事实,依法保护金融消费者的合法权益,规范卖方机构的经营行为。

"买者自负"的前提是"卖者尽责"。对于证券欺诈发行、虚假陈述等侵权民事案件的审理,要立足法律和相关监管规则,依法确定发行人董事、监事、高级管理人员及其控股股东、实际控制人,以及增信机构、债券承销机构、信用评级机构、资产评估机构、会计师事务所、律师事务所等中介机构,受托管理人或者具有同等职责的机构等相关各方的权利、义务和责任,将责任承担与行为人的注意义务、注意能力和过错程度相结合,严格落实证券公司和证券服务机构保护投资者利益的核查把关责任。如债券承销机构和债券服务机构对各自专业相关的业务事项未履行特别注意义务,对

其他业务事项未履行普通注意义务的，应当承担相应法律责任。

六、调解方案设计应当综合考虑对各方有利

若调解方案设计得当，原告便能够获得与判决大致的利益，既可以节约时间、精力，也能确保索赔结果如期到位，避免裁判权益落空（如执行不能或破产）等。被告也可因调解减少损失或者转嫁风险（如保险赔偿），抑或是得到行政和解、终止监管调查（新《证券法》第171条规定：国务院证券监督管理机构对涉嫌证券违法的单位或者个人进行调查期间，被调查的当事人书面申请，承诺在国务院证券监督管理机构认可的期限内纠正涉嫌违法行为，赔偿有关投资者损失，消除损害或者不良影响的，国务院证券监督管理机构可以决定中止调查。被调查的当事人履行承诺的，国务院证券监督管理机构可以决定终止调查；被调查的当事人未履行承诺或者有国务院规定的其他情形的，应当恢复调查。具体办法由国务院规定。）等，有利于先行赔付者进行追偿（新《证券法》第93条规定：发行人因欺诈发行、虚假陈述或者其他重大违法行为给投资者造成损失的，发行人的控股股东、实际控制人、相关的证券公司可以委托投资者保护机构，就赔偿事宜与受到损失的投资者达成协议，予以先行赔付。先行赔付后，可以依法向发行人以及其他连带责任人追偿）。另外，准确认定合法权益的具体内容是协调与平衡的基础，需要准确认定具体投资者的损害事实、证据、损失计算结果、法律适用正确。

有上述的基础条件，投保机构在证券案件的调解中进行协调与平衡有足够的空间，发挥应用好。祝投保机构顺利、出色履行职责！

调解在证券特别代表人诉讼中的运用与建议

肖　宇*

我国的证券特别代表人诉讼，不同于美国的证券集团诉讼，其结合了我国的市场特点，具有自己的特色。美国的证券集团诉讼是维护其证券市场秩序的重要措施，促进了美国证券市场的繁荣，但也存在一些问题，主要是易导致滥诉和投资人的赔偿不

* 华东政法大学国际金融法律学院副教授。

足。由于美国采用的是律师胜诉酬金制(contingent fee),原告律师承担败诉后全部费用自付的风险以及持续耗费时间的机会成本,因此也倾向与被告和解以尽快结案拿到相应的律师费。根据美国学者的实证研究,美国证券集团诉讼的和解率达到80%以上,而投资者获偿金额与损失之比又极低,不到3%。我国的证券特别代表人诉讼的推动人不再是具有企业家精神的律师,而是投资者保护公益机构,克服了美国集团诉讼制度的缺陷。那么,在我国由投保机构提起的特别代表人诉讼,从诉讼结果的角度来看,是否适合调解制度呢?

一、我国证券特别代表人诉讼中调解的适用空间

(一)对证券诉讼现状与被告赔付能力的考量

在我国现行的诉讼赔付中,通过判决取得赔偿时投资者需要面临诉讼时间长、诉讼成本高、举证难度大等困难,且即使投资者最终获得胜诉,执行环节也容易遭遇阻力。

从被告的赔付能力来看,虽然《证券法》规定了上市公司及其董监高、控股股东,以及有责任的保荐机构、律所、会计师事务所等中介机构要承担连带责任,但从目前行政处罚的情况来看,上市公司仍为虚假陈述违法行为的主要处罚对象,涉及中介机构的处罚决定数量较少。因连带责任人较少而上市公司的赔付能力不足,最终导致投资者获赔难的情形很有可能发生。对于"默示加入"的集团诉讼,因赔偿金额巨大,被告的赔偿能力很有可能不足以支撑如此庞大的债务,在执行环节可能也会遇到障碍。而调解更有利于双方根据实际情况协调方案并解决纠纷,能免于诉讼的漫长拖延,兼顾被告的赔付能力与诉讼效率,使集团诉讼实践可以有效推进。

(二)投保机构进行调解的动力

提起的特别代表人诉讼的案件在法院公告后,投保机构是有选择权的,有人认为,投保机构可以选择被告有较强赔付能力的案件提起诉讼,这样就不需要调解。

诚然,如果投保机构提起的特别代表人诉讼案件的被告都是有能力进行全额赔偿的,当然是皆大欢喜,且程序简便,但从前文对我国之前虚假陈述案件民事赔偿的情况来看,能提起诉讼的案件数量有限,如果投保机构只挑有赔付能力的案件,对市场的威慑作用及对投资人的保护效果就会大打折扣。对于被告赔付能力不够的"硬骨头"案件,若投保机构勇挑重担进行调解,可以尽可能根据被告的偿付能力按一定

比例尽快赔偿,则提起的案件数量可能将大大提高,这样特别代表人诉讼可以发挥更大的作用,保护投资人的利益。

(三)法律制度的充分保障

新《证券法》赋予投保机构特殊代表人的地位,其有权代表投资者进行调解。最高人民法院发布的《关于证券纠纷代表人诉讼若干问题的规定》中用了5个条款来讨论诉讼调解,提出法院要充分发挥多元解纷机制的功能,按照自愿、合法原则,引导和鼓励当事人调解解决纠纷,并就调解协议的内容、调解书的司法审查与调解的监督等作出了规定,为证券诉讼调解的展开提供了法律依据。

二、投保机构在特别代表人诉讼中调解的制度建议

(一)投保机构的公益性要求其将投资者利益维护作为宗旨

投资者保护机构作为证券公益机构,以切实维护投资者合法权益为宗旨,除为开展特别代表人诉讼的必要支出外,不收取其他费用。另外,投保机构合作的公益律师,也会为证券诉讼提供相应的公益服务。与美国律师以诉讼结果分成为推动力的集团诉讼相比,公益机构没有对自身经济利益的考虑,而将投资者利益最大化和有效化作为行事的依据。

(二)调解中的民主:与50人充分沟通、听证会与二次退出

投保机构在调解时也可以考虑开通征求投资人建议的渠道,或者让投资人代表能参与到调解的过程中。投服中心要提起特别代表人诉讼,需要接受50人以上的投资人委托,可以考虑在调解环节,听取这50名投资人的意见,从而在调解过程中实现一定的民主。那么,50名投资者代表的选取规则设计就值得重视。

投保机构的代表人是通过公告征集的,那么征集的标准是什么呢?是以委托时间的先后,还是要兼顾投资人的持股数量等因素?我认为,如果50人仅行使委托权,则按委托时间选取即可,但如果要参与实体权利的协商等工作,则所选投资人的代表性就需要考量。调解是对当事人实体权利的处分,不管是中小投资者还是机构投资者,调解结果都对他们的权利有重大的影响,因此,在投资人代表选取时,应该兼顾中小投资者与机构投资者等不同股东群体。虽然投保机构的宗旨是维护中小投资者的利益,但由于集团诉讼涉及所有投资者的利益,因此需要听到不同类型投资者的声音。另外,机构投资者本身也有较强的专业能力和谈判能力,在调解的过程中,也可

以起到积极的辅助谈判的效果。当然,在调解过程中,中小投资者和机构投资者可能在利益上不完全一致,所以需要限定机构投资者的比例,即征集的投资者里中小投资人的比例不低于某个数值。这样,可以兼顾到不同类型投资者的诉求,并协助投保机构有效地进行调解。

待投保机构与被告初步达成调解协议后,可以通过网络、听证会的形式公开征求投资者意见,如在“中国投资者网”开设征询意见的专门网页、召开听证会,告知投资者充分的信息,听取投资者意见。如果投资者对调解的结果不满意,也应当赋予投资者退出的权利,即二次退出。和解或调解协议的效力不及于声明退出的原告,已退出的原告可以另行救济。

(三)对调解的监督

调解是代表人对全体投资人实体权益的处分,对投资人的权利影响较大,需要一定的监督机制。首先,法院对和解或调解协议进行审查。由法院作为中立第三方深入参与集团诉讼案件能够更好地对原告方的诉讼代表人与被告进行及时监督,保护未实际参与诉讼的缺席集团成员的利益。目前,最高人民法院的司法解释规定了对调解协议的司法审查。其次,还应当将调解解决结果上报证监会予以备案,在证监会层面对其进行监督。

在特别代表人诉讼中运用调解,可以拓宽投保机构提起诉讼案件的范围,并在诉讼中灵活应用纠纷解决的手段,兼顾赔偿金额、可执行度和赔偿效率,有效实现投资人的利益。可以提起特别代表人诉讼的案件范围较广并且有效适用,才能更好地实现制度目的,让市场主体对行政处罚和民事赔偿充满敬畏,像达摩克利斯之剑悬在头上,使其遵守市场规则。这将是资本市场长期繁荣的基石,也是本次制度改革的深远意义。

议题5　律师在特别代表人诉讼中的独特作用

律师在特别代表人诉讼中的独特作用

沈田丰*

各位领导、各位证券业界同仁：

非常感谢第三届中小投资者服务论坛邀请中华全国律师协会金融委员会参与这个活动！

2020年3月1日，新修订的《证券法》生效，这将掀开中国资本市场发展的新篇章。中国资本市场将进入全面的注册制时代。

《证券法》确定的注册制更加注重了证券市场对信息披露的法律保障，信息披露违反证券市场规则而造成投资者损失的，责任人需要承担赔偿责任。由于证券市场涉及投资者众多，交易量巨大，因此，投资者利益保护机制的建立就非常重要。《证券法》在投资者保护方面引入投资者保护机构参与保护投资者利益的工作，这个制度的建立将大大推动中小投资者利益的保护。

在资本市场中，律师是一个活跃的群体，其在证券的发行、证券的交易中起着举足轻重的作用，为证券市场的规范运行提供法律制度的服务，从不同角度为证券市场的参与者提供法律协助与权利保障。同样，新《证券法》对投资者利益保护的加强，律师在投资者利益保护中也将起到积极的作用，尤其是在特别代表人诉讼中会起到独特的作用。

律师在特别代表人诉讼中的独特作用，首先，体现在其可以作为投资者保护机构的律师，帮助分析侵权行为的特点、证据构成、责任要件、投资者损失金额的计算、有

---

* 中华全国律师协会金融委员会主任。

权提起赔偿请求的投资者范围。律师可以帮助完善投资者对投资者保护机构授权委托关系、投资者登记、诉讼证据的整理、诉讼程序的选择等。总之,律师可以作为诉讼代表人的委托代理人,从投资者保护机构的角度发起投资者利益保护的诉讼。

其次,律师在投资者利益保护的诉讼中也作为被告的诉讼代理人。律师虽然代理的是被告,却可以从被告角度协助厘清事实,明确侵权行为是否发生?是否造成损失?是否应当赔偿?以及应当赔偿多少?律师这些工作的目的,是保证法律的正确实施。我认为,律师作为这类诉讼的被告律师的作用应该更加独特,因为,他不仅是站在被告角度工作,他还可以帮助被告作出理性的分析,使投资者诉讼可以快捷高效地结束,减少投资者保护诉讼过程中的时间成本与费用成本,使投资者能快速地获得赔偿,节约争议解决的社会资源与诉讼资源。

再次,律师还可以作为专业人士参与投资者保护争议的调解。因为证券交易是一项复杂的交易,有时候权利义务与责任的界定会比较困难,资本市场的强大生命力也促使新型的交易模式在资本市场中不断涌现。专业的律师可以作为调解机构的调解员参与投资者保护的争议解决,化繁为简。专业的证券律师作为调解员在投资者保护过程中也是一个独特作用,这更可以节约诉讼资源,使争议获得有效的解决。

最后,律师还可以作为专家参与投资者保护机构对具体案件的论证。证券市场是复杂而且千变万化的,每个投资者保护的争议都可能是独特的和新颖的,这需要以一个独立第三者的角度,从维护资本市场健康发展的角度,去评价一个具体行为可能存在的性质、价值、对机制是完善抑或是破坏。作为一个论证专家,律师可以用专业知识与经验为投资者保护机构提供一些具有智慧的观点与解决方案。

我想,没有哪一个行业像律师那样,可以从如此完全不同的角度,全方位地参与投资者保护的争议解决。正因为律师的这个作用,就要求律师行业在对于投资者保护的争议解决中,要特别注意尊重事实、敬畏规则,确保法律的正确实施。而且,律师的利益冲突机制在投资者保护争议解决中显得格外重要。一个律师、同一家律师事务所的不同律师不能在同一个案件中同时代表不同的利益方。律师也不能在作为代理人的情况下,作为同一案件的调解员或论证专家。律师行业的这个独特制度不仅保障律师为当事人的合法利益认真工作,也可以让整个律师行业从不同角度参与投资者保护工作,避免垄断。

投资者保护机构是由新《证券法》规定的证券市场主体,有了法律的授权,相信投资者保护机构可以在《民法典》、《民事诉讼法》以及相关司法解释规定的范围内,充分发挥投资者保护的独特作用,维护资本市场的规范运行,给投资者一个安全的、可信赖的、健康的交易市场。律师也愿意积极地为这个目标的实现发挥我们独特的作用。也希望投资者保护机构能多给我们律师一些工作的机会。

谢谢大家!

共同见证特别代表人诉讼的全新启航

胡震远*

投服中心组织这次论坛,可谓正逢其时。《证券法》修订后,其第95条宣示特别代表人诉讼制度的横空出世。这本来是一个程序法制度,程序法那边毫无动静,实体法这边却开花结果,说起来也是挺有趣的事情,可见证券诉讼实践对这一制度的期待有多么迫切,但也正是因为这个制度发端于《证券法》,囿于实体法的侧重,只能初步建立一个制度雏形,很多细节还是有待程序法去完善。

当然,我们非常欣喜地看到,最高人民法院已经制定了《关于证券纠纷代表人诉讼若干问题的规定》(以下简称《规定》),证监会发布了通知,投服中心也出台了业务规则。在程序法没有修改之前,这些规定的出台显然会让特别代表人诉讼更接地气,我们好像看到了一派蓄势待发的景象。

现在的制度设计是一个金字塔型的向下兼容模式:单一诉讼是塔基;普通代表人诉讼在中间,可以吸收单一诉讼;特别代表人诉讼在塔尖,可以吸收普通代表人诉讼。《规定》显然在努力推动这种诉的合并:单独诉讼本来要预交诉讼费,但撤诉后加入普通代表人诉讼的,可以退还诉讼费,而且原则上普通代表人诉讼先审理,单一诉讼中止审理。普通代表人诉讼被吸收到特别代表人诉讼的,可以讨论败诉后诉讼费的减免,申请财产保全也可以不提供担保。这样的制度设计当然有利于纠纷的一次性解决,但同时也对特别代表人诉讼提出了更高的要求。

作为律师,我们更关注的可能是特别代表人诉讼的实践操作。换句话说,这些制度落地之后怎么去操作?此外,司法解释对于有些问题作了留白处理,我们也需要考虑,今后有没有完善的空间?

举个简单的例子,《规定》要求代表人诉讼依托信息化技术手段去开展,对于特别

* 投服中心公益律师、方达律师事务所合伙人。

代表人诉讼更是明确规定代表人可以向证券登记结算机构调取权利人名单。实务上,中国证券登记结算有限责任公司确实有中小投资者的投资信息,只要给定条件,有能力获取和提供信息,与法院、投服中心建立信息互通的机制在技术上也完全可行。权利人身份信息的确定是最基础的诉讼工作。按照传统的模式,在诉讼时核对身份证、营业执照等操作还需要吗?我们能确保电子信息的准确性吗?尤其是在特别代表人诉讼的情况下,投资者有可能自始至终都没出现,我们是否需要某一种核实机制?上海金融法院已经启动"中小投资者保护舱",可以实现智能化核对投资者身份,自动化生成立案信息,以及便利化代表人诉讼等功能。其中,在代表人诉讼方面,投资者通过与智能机器人"小金"对话就可以完成代表人诉讼的登记、公示、分组、推举、投票等程序。根据证监会的通知,投资者保护机构有权查询投资者的持股情况、亏损情况等信息用以帮助他维权。如何采取合适的措施,既保护好投资者的个人信息,又确保特别代表人诉讼的实现?

再如,特别代表人诉讼是从普通代表人诉讼中衍生出来的,但是两种代表人诉讼的管辖法院不一样。普通代表人诉讼可以在全国各地的中级人民法院诉讼,但是特别代表人诉讼只能由北京、上海和深圳的中级人民法院或者金融法院管辖,所以程序转换时要移送管辖。移送管辖后,如果两地的管辖法院对权利人的范围有不同意见怎么办?尤其是在在先管辖法院的裁定已经获得当地高级人民法院复议维持的情况下,在后管辖法院能不能忽略该决定,另行确定权利人范围?个人倾向于认为,在后管辖法院还可以改变权利人范围。从程序上来讲,移送管辖的特别代表人诉讼可以被理解为一个新的案件,不受前案约束;从实体上讲,确定权利人范围的裁决实际上是预判了包括交易因果关系、揭露日的确定等在内的实体争议,从"谁审判,谁负责"的角度而言,也不可能受制于前案的判断。

又如,如果代表人经过综合分析,决定提出和解、撤诉或者调解申请,绝大部分的投资者都同意,但一小部分投资者坚决不同意,那么这小部分诉讼需要继续进行。此时,代表人是要继续代表还是撤出诉讼?如果要继续代表,投资者与代表人意见分歧,实际上已经很难代表。如果不继续代表而退出诉讼,那是否要反向转化为普通代表人诉讼或者单一诉讼?同样的道理也适用于代表人不上诉而极少数原告上诉的情形。这个问题涉及代表人诉讼的核心问题,那就是代表人到底是当事人还是诉讼参与人?根据目前的设计,代表人在特别代表人诉讼中的地位并不明确。由于我们的程序法并没有在代表人诉讼中否定原告的诉讼主体地位,所以《规定》不得不在案件和解、撤诉、调解、上诉等重要方面迁就原告的权利,但这样的规定使代表人处在了一个尴尬的位置上,也使代表人诉讼无法实现纠纷的一次性解决。根据个人对司法实践的认识,在原告和代表人的想法发生严重分歧时,管辖法院可能会希望代表人继续参加诉讼,使特别代表人诉讼功德圆满,但此时代表人已经失去了原告的信任,原告一方的阵营已然从内部瓦解——原告觉得代表人不适合继续代表自己,代表人觉得无法违背真实意思去代表原告。当原告和代表人出现两种声音,代表人即使继续陪跑,法院也会陷入"到底听谁说"的迷茫,原告给代表人签署的特别授权文件也可能会丧失其严肃性。所有这一切最终可能还得回到原点,使代表人以诉讼担当的方式替代投资者而成为原告。当然,这已经不是司法解释能够解决的问题了。

《规定》指出,没有参加特别代表人诉讼的投资者提起后续诉讼的,法院可以直接裁定适用生效判决,而且裁定一经作出立即生效。这就意味着规则允许投资者"搭便车"。如果被告的财力足以支付赔款,投资者可能会采用这种节约成本的方式,那么我们又要思考,通过代表人诉讼实现纠纷一次性解决的初衷怎样去实现?此外,用裁定去解决一个实体纠纷,且不赋予上诉权,是否有损程序法最基本的程序保障功能,似乎也有待斟酌。

由于特别代表人诉讼是一个全新的制度,需要法院、投资者保护机构、律师等各方面的力量来共同推进和完善,这对律师的证券法知识、程序法功底、沟通谈判能力等综合能力提出了更高的要求。相信优秀的律师在这类诉讼中将大有可为。

中证中小投资者服务中心有限责任公司副总经理刘磊在第三届中小投资者服务论坛新《证券法》特别代表人诉讼实践专题论坛上的发言

刘　磊*

本次分论坛以线上方式成功举办,感谢与会各方从不同角度为特别代表人诉讼工作的开展建言献策!

关于议题1"证券代表人诉讼的协同机制",最高人民法院李伟法官介绍了起草司法解释过程中所考虑的若干关键问题。人民大学刘俊海教授围绕投保机构应当如

* 中证中小投资者服务中心有限责任公司副总经理。

何苦练内功,以及与司法机关、监管系统、地方政府等各方建立同频共振的协同共治体系作了发言。

关于议题2"证券特别代表人诉讼的审裁规则",上海金融法院单素华庭长重点从启动程序、调解程序及上诉程序,对特别代表人诉讼相关程序性法律问题进行了专业分析解读。深圳市中级人民法院金融法庭袁银平庭长从诉讼便利、纠纷多元化解、保障投资者诉讼权利及信息化建设四个维度,明确了如何落实好特别代表人诉讼制度。南京市中级人民法院金融庭黄伟峰副庭长介绍了证券群体纠纷现状与实践探索,总结了开展代表人诉讼的启示与展望。

关于议题3"试点阶段特别代表人诉讼案件选取应考量因素",中国人民大学叶林教授、北京大学郭雳教授及新加坡管理大学法学院张巍副院长交流了特别代表人诉讼案件选取的考量,认为案件选取应当综合考虑收益成本、公益性、典型性及社会影响等多种因素。

关于议题4"投保机构在调解程序中的协调与平衡",同济大学法学院蒋惠岭院长认为,投保机构应当从做好顶层设计、完善调解程序、做好内外部协调及加强调解培训四个方面充分发挥在调解程序中的作用。浙江大学李有星教授认为,投保机构能够切实代表中小投资者利益、在调解程序中做好有效的协调与平衡,重要的是,把握投资者保护的整体、全局观念,平衡市场参与者的整体利益。华东政法大学肖宇副教授对调解在特别代表人诉讼中的适用空间进行了专业分析,并针对投保机构调解提出了有益建议。

最后,关于议题5"律师在特别代表人诉讼中的独特作用",中华全国律师协会金融委员会沈田丰主任总结了律师在特别代表人诉讼中的四点独特作用。方达律师事务所合伙人胡震远律师结合实践操作,对司法解释未明确的相关问题进行了深入思考。

相信在社会各界的大力支持下,特别代表人诉讼工作能够稳健开展,投服论坛一定会越办越好,投服中心从事的投资者保护事业也会更上一层楼!期待明年再见!

I 专题研究

INVESTOR

新《证券法》保护投资者理念提升与制度创新*

吴　弘**

由第十三届全国人大常委会第十五次会议于2019年12月28日修订通过的《证券法》(以下简称新《证券法》),已于2020年3月1日起施行。本次修订是在深化金融供给侧改革,证券市场高水平开放、高质量发展的背景下进行的,体现了市场化、法治化、国际化方向,特别是在投资者保护方面有许多与时俱进的理念升华和制度创新,标志着中国资本市场发展进入了新时代。

一、新《证券法》的投资者保护理念提炼升华

我国证券市场历经30年的改革发展,规模层次不断扩大,投资者数量不断增加,为市场经济发展作出积极贡献;同时,对保护投资者的认识也不断提高,积累了诸多实践经验。当然,市场还存在不平衡不完善的地方,违法违规、侵害投资者合法权益现象时有发生,亟须以理念更新带动制度创新,解决一些长期难以解决的立法难题。

新《证券法》凝聚了保护投资者是重中之重的共识。不仅将多年来投资者保护实践中行之有效的成果提升为法律,还努力推进保护工作更上层楼。新《证券法》加大投资者保护力度,重点解决投资者信息不对称、容易受侵害、维权成本高、寻求救济难等问题,着力提高中小投资者地位和话语权,进一步调动投资者积极性,增强市场信心。

新《证券法》落实新发展理念,准确处理市场发展与投资者保护的关系。新《证券法》在效率与公平、鼓励创新与防范风险等价值观之间努力寻求平衡,既坚持发展

* 本文原载《证券时报》2020年3月14日,A07版,经作者同意进行转载。

** 华东政法大学经济法学院教授。

是硬道理,又要维护金融安全和投资者权益,为打造规范、透明、开放、有活力、有韧性资本市场提供法制保障。例如,考虑注册制改革是一个渐进过程,授权国务院对证券发行注册制的具体范围、实施步骤进行规定,在全面推开之前,部分板块、证券品种的公开发行继续实行核准制,体现积极又慎重的态度。又如,新《证券法》既通过优化简化程序,鼓励优质企业上市、高效融资,又引导企业规范运作、依法经营,创造财富、回馈投资者。

新《证券法》坚持社会参与、人人有责的理念,群策群力保护投资者权益。新《证券法》对市场各方提出更高法律要求,厘清了各自在投资者保护方面的权利义务边界:融资者守法诚信、自我约束,投资者理性投资、自我防范,中介机构吹哨监督、合规自律,监管者规制适度、执法到位,司法机关打击违法、化解矛盾,通过市场各方归位尽责,进一步改善资本市场生态环境。

新《证券法》遵循市场全球化、规范国际化的思路,对接投资者保护国际惯例。新《证券法》不仅促进扩大开放、与境外市场互联互通,吸引更多境外投资者参与国内证券交易,也一视同仁地保护境内外投资者的合法权益。根据实践中已出现的跨境操纵市场等违法犯罪现象,为防范风险跨境输入、跨境侵犯投资者权益,新《证券法》也尝试了"长臂管辖",规定在境外的证券发行和交易活动,扰乱我国境内市场秩序,损害境内投资者合法权益的,依照本法规定处理并追究法律责任。

二、新《证券法》对投资者保护基本规范的制度创新

新《证券法》与时俱进,反映时代需求,对保护投资者的基本规范予以全面制度创新,不仅体现在体系化的专章规定上,更体现在各项制度的具体规则中,着力夯实保护机制。

第一,投资者保护基础性制度。一是适当性义务,以法律形式明确证券公司向投资者销售证券、提供服务时,要履行充分了解投资者,如实说明并充分揭示投资风险,与投资者风险匹配的义务。二是投资者分类,即根据投资者的财产状况、投资知识和经验等将投资者分为普通投资者和专业投资者,以便保护分类施策,对普通投资者加大保护力度。例如,普通投资者与证券公司纠纷时,举证责任倒置由证券公司提出证据;普通投资者要求调解的,证券公司不得拒绝。

第二,投资者权利行使保障制度。一是公开征集投票权,适格征集人自行或委托

其他机构公开请求上市公司股东委托其代为出席股东大会,并代为行使提案权、表决权等,监督制约上市公司行为。二是现金股利分配权,要求上市公司在章程中明确股利分配安排和决策程序,在当年实现盈余后要及时按照章程分配股利,以解决上市公司有盈利而长期不分配投资者股利的问题。

第三,投资者维权、救济制度。一是先行赔付,在发行人因欺诈发行、虚假陈述等重大违法行为给投资者造成损失时,通过发行人的控股股东、实际控制人、相关证券公司与投资者协商达成协议,就投资者的损失予以先行赔付。二是投资者保护机构深度介入投资者保护,包括依申请介入调解、支持诉讼、持股行权等。三是集体诉讼,其中又分为投资者明示参与、默示退出的一般代表人诉讼,和投资者默示参与、明示退出的由投资者保护机构受委托作为代表人的诉讼。

第四,专章系统完善信息披露制度。一是扩大信息披露义务人的范围,强化其信息披露责任。二是完善信息披露的内容,强调应当充分披露投资者作出价值判断和投资决策所必需的信息等,规范信息披露义务人的自愿披露行为。三是强化交易所一线监管信息披露力度。

第五,加强对侵害投资者行为查处。一是大幅度增强处罚和赔偿力度,提高违法侵权成本,如对上市公司信息披露违法行为,从原来最高可处60万元罚款,提高至1000万元;明确了发行人的控股股东、实际控制人在欺诈发行、信息披露违法中的过错推定、连带赔偿责任等。二是强化监管执法,增强证监会依法监测防范、处置市场风险的职责,扩大证监会执法手段、权限,增加了行政和解、诚信档案制度。三是压实中介机构市场“看门人”职责,明确保荐人、承销商及其直接责任人员未履行职责时对受害投资者所应承担的责任。

三、新《证券法》对投资者保护相关规范的制度创新

新《证券法》制度创新的另一重点是促进证券市场发展,顺应市场创新发展,满足不同层次投资者的需求。

首先,在注册制推行中投资者保护制度创新。新《证券法》在降低门槛,使发行条件更加灵活、包容、多元化的同时,也注重维护投资者权益:一是注册制的审核,由交易所等国务院规定的机构担当发行审核责任,主要采取问询的方式审核,证券监管部门退至后台起监督作用;二是发行过程规范、透明、有效,注册制下全程实行电子化,

更加清晰可监督;三是强化发行人主体责任,规定了欺诈发行责任人的责令回购、高额行政处罚的责任,以及完善市场退出机制的配套;四是加重发行保荐人及证券服务机构的义务与责任。

其次,扩大了证券法适用的证券范围。除股票、公司债券、政府债券、证券投资基金外,将存托凭证明确规定为法定证券,将资产支持证券和资产管理产品写入证券法,授权国务院按照证券法的原则制定其发行、交易的管理办法,有利于依法保护投资存托凭证、资产管理产品和资产证券化产品的投资者。

再次,为多层次的资本市场奠定法律基础。将证券交易场所划分为证券交易所、国务院批准的其他全国性证券交易场所、按照国务院规定设立的区域性股权市场等三个层次;规定证券交易所、国务院批准的其他全国性证券交易场所可以依法设立不同的市场层次(板块);明确非公开发行的证券,可以在经国务院批准的交易场所转让;授权国务院制定有关全国性证券交易场所、区域性股权市场的管理办法等。丰富的多层次市场体系,可以满足不同层次的投融资需求。

最后,完善新证券交易方式的规范。新《证券法》在为金融业交叉经营与未来的混业经营预留了法律空间的同时,规定证券交易停复牌制度和程序化交易制度,完善证券交易所防控市场风险、维护交易秩序和投资者保护的手段措施。

证券特别代表人诉讼中投资者保护机构的法律定位和职责研究

黄江东*　施　蕾**

2020年是我国资本市场建立30周年，也是新《证券法》施行的开局之年。此次《证券法》修订突出强调投资者权益保护，特设投资者保护专章，作出了许多颇有亮点的制度安排，具有非常重要而深远的意义。尤其是新《证券法》第95条第3款创设性地规定了投资者保护机构（以下简称投保机构）主导的“默示加入，明示退出”的具有中国特色的证券集团诉讼制度（我国司法语境下的“证券特别代表人诉讼制度”），为及时高效地赔偿中小投资者损失、震慑资本市场违法行为奠定了坚实的制度基础。

证券特别代表人诉讼制度是一项新生制度，其落地生根需要更为细化的制度支撑，该制度的实施效果也有待实践案例进行检验，在这个过程中，如何在法律框架下充分发挥投保机构的主导作用十分关键。基于此，本文对特别代表人诉讼中投保机构的法律定位和职责进行研究，并结合域外集团诉讼的实践经验，对我国特别代表人诉讼中的若干问题展开探讨。

一、新《证券法》背景下特别代表人诉讼的制度设计

新《证券法》第95条第3款是证券特别代表人诉讼制度的法律依据，该款规定：“投资者保护机构受五十名以上投资者委托，可以作为代表人参加诉讼，并为经证券登记结算机构确认的权利人依照前款规定向人民法院登记，但投资者明确表示不愿意参加该诉讼的除外。”由此可见，证券特别代表人诉讼的特别之处在于“默示加入，

* 国浩（上海）律师事务所资深顾问，法学博士。
** 国浩（上海）律师事务所律师，法学博士。

明示退出”的制度安排,以及投保机构作为代表人参加诉讼的特别设计。

2020年7月31日,最高人民法院正式发布《关于证券纠纷代表人诉讼若干问题的规定》(以下简称《若干规定》)。《若干规定》的出台,有助于推动证券特别代表人诉讼制度付诸实践,对于完善资本市场基础制度、保护投资者的合法权益、惩治资本市场违法违规行为具有十分重要的意义。《若干规定》细化了新《证券法》第95条的相关规定,确立了高效、透明、便捷、低成本的审理原则,整体分为传统“加入制”的普通代表人诉讼和声明“退出制”的特别代表人诉讼,系统规定了代表人诉讼中的立案登记、先行审查、代表人选定、调解协议确认、诉讼审理与判决、上诉制度、效力扩张、执行与分配等各项重要操作流程内容。其中,对各界普遍关注的特别代表人诉讼的集中管辖、启动程序、权利登记、当事人声明退出、投保机构诉讼义务、诉讼费用、财产保全等进行了专门规定,解决了特别代表人诉讼中诸多实践难题,有助于推动具有中国特色的证券集团诉讼的真正落地。

为保障特别代表人诉讼制度的实施,证监会也于2020年7月31日专门发布《关于做好投资者保护机构参加证券纠纷特别代表人诉讼相关工作的通知》,对投保机构、登记结算机构等参加特别代表人诉讼行为进行规范,重点对证监会系统中投保机构的范围、参与特别代表人诉讼的原则、工作保障机制、协调合作机制、工作纪律等进行规定。证监会表示,相关单位将按照新《证券法》及《若干规定》等规定,对典型重大、社会影响恶劣的个案,依法及时启动证券集团诉讼。同日,投服中心发布《中证中小投资者服务中心特别代表人诉讼业务规则(试行)》(以下简称《投服中心业务规则》),具体指引投资者参与特别代表人诉讼。《投服中心业务规则》重点就案件选择机制、诉讼代表人和投资者在诉讼中的权利义务、诉讼活动重要环节规范等内容进行规定。

从新《证券法》第95条第3款到《若干规定》及配套规则的陆续出台,特别代表人诉讼制度逐渐从抽象到具体、落地生根。良好的制度是实践的基础,可以期待,特别代表人诉讼制度将成为促进资本市场健康发展、保障投资者合法权益的“制度利器”。

二、特别代表人诉讼制度中投保机构的定位与职责

(一)特别代表人诉讼中投保机构的法律定位

根据新《证券法》、《若干规定》及相关配套规则的规定,目前,仅投服中心和中国

证券投资者保护基金有限责任公司(以下简称投保基金)两家投保机构可以担任特别代表人诉讼中的代表人。事实上,投服中心和投保基金作为具有公益属性的机构,自成立以来,一直活跃于投资者保护的实践前沿,在中小投资者利益保护方面发挥了不可替代的作用。

2005年6月,证监会、财政部、中国人民银行发布《证券投资者保护基金管理办法》,同意设立国有独资的投保基金;2005年8月,投保基金注册成立,归口证监会管理。投保基金最初设立目的在于应对处置证券公司及公募基金管理人破产风险给投资者造成的损失。经过多年实践,投保基金在监控客户资金安全、监测证券公司风险、担任先行赔付基金管理人、证券期货纠纷调解、中小投资者保护状况调查评价等方面均发挥了重要作用。特别是因欺诈发行对投资者造成损失的,投保基金在先行赔付投资者方面起到积极的作用。

2014年,证监会批复成立投服中心,为中小投资者合法权益保护又添“利器”。投服中心作为公益性机构,持有全国所有上市公司的1手股票(100股),以股东和投资者的身份知权、行权、维权。投服中心的主要职责包括:向投资者开展公益性教育,以股东身份或证券持有人身份行权,提供调解等纠纷解决服务,为投资者提供公益性诉讼支持等。曾有学者这样形象地比喻投保基金和投服中心的关系:“投服中心是动手的,主要侧重于投资者保护的事前、事中的活动,比如持股行权、纠纷调解、支持诉讼活动;投保基金是动钱的,主要侧重于投资者保护的赔偿性安排,是一种‘善后’的活动,比如对风险处置所涉及的对投资者的赔付、对欺诈发行所涉及的先行赔付等。”①

此次新《证券法》规定由投保机构作为具有中国特色的集团诉讼的代表人,《投服中心业务规则》进一步明确投服中心可以作为代表人参加证券民事诉讼,该等制度设计与投服中心公益属性的定位完全契合,彰显了特别代表人诉讼制度维护投资者合法权益的价值理念。这是我国的特别代表人诉讼区别于域外集团诉讼的特征之一,极具鲜明的中国特色,也具有极强的价值引领意义。具体到特别代表人诉讼的实施,现阶段主要由投服中心负责具体参加代表人诉讼,同时,投保基金将主要着力于数据分析、损失计算、协助分配等工作,与投服中心形成优势互补,共同配合做好参与特别代表人诉讼工作。

---

① 参见《投资者保护再添新渠道》,载中国中央人民政府网:http://www.gov.cn/zhengce/2018-05/25/content_5293507.htm,最后访问日期:2020年10月20日。

(二)特别代表人诉讼中投保机构的职责

就程序性事项而言,首先,投服中心要接受50名以上投资者委托,当然通常理解这里的"委托"既可以是被动的(投资者上门找到投服中心),也可以是主动的(投服中心主动找到投资者,投资者再对其委托)。其次,投服中心要向法院提起诉讼并履行代为登记职责。法院发出权利登记公告之后,投服中心依据公告确定的权利人的范围向证券登记结算机构调取权利人名单,并向法院代为登记。之后的诉讼活动中,投服中心负责代为收发诉讼文书、提供证据、参加开庭审理等,其还可以视情况向法院申请财产保全。

就实体性事项而言,投服中心凭借特别授权可以变更或者放弃诉讼请求、承认对方当事人诉讼请求、决定撤诉、决定上诉等,但是投服中心需要履行通知义务,将前述事项通知全体原告。此外,投服中心还可以与被告达成调解协议草案,若有原告提出异议,投服中心还应解释回应异议原告提出的内容和理由。

投服中心的上述职能解决了证券诉讼实践中"代表人诉讼启动难""权利登记难""代表人推选难"三个方面的问题,极大地便利了投资者通过民事诉讼方式维护自身合法权益。

三、我国投保机构参与特别代表人诉讼的若干问题探讨及完善建议

我国的特别代表人诉讼制度,一方面,希望尽可能多的原告加入诉讼中,最大限度地维护中小投资者的合法权益;另一方面,也避免私利驱使下的滥诉和恶意诉讼的发生。我国证券特别代表人诉讼制度还只是雏形初现,至今还未出现破冰案例,特别代表人诉讼制度能否得到有效运用,其中还有不少问题有待探讨。

(一)投保机构"垄断"特别代表人诉讼的提起权是否具备法理基础

目前,我国特别代表人诉讼制度已经明确投保机构是唯一可以担任诉讼代表人的适格主体。换言之,投保机构"垄断"了特别代表人诉讼的提起权。该等垄断地位是否具备法理基础、是否有利于特别代表人诉讼制度的功能发挥,值得探讨。

在新《证券法》的修订过程中,要求在证券纠纷领域率先引入"默示加入,明示退出"集团诉讼的呼声强烈且一致,但到底由谁提起或主导集团诉讼,曾引发激烈讨论。从域外经验来看,证券集团诉讼存在市场主导和行政主导两种类型:前者以律师驱动,形成去中心化的信息收集机制,典型如美国律师主导的证券集团诉讼;而后者以

投保机构主导,有浓重的行政主义色彩,典型如我国台湾地区“投资人保护中心”主导的证券团体诉讼。两种类型各有特色,也各有利弊。

在律师主导的集团诉讼中,律师在征集集团成员、提出起诉要求和起诉理由、选择起诉时机和管辖法院等实质问题上发挥着主导作用。美国特有的诉讼费用和律师胜诉酬金制度激励了一批活跃于证券市场、主动征集侵权受害者、代理集团诉讼的律师。美国的实践表明,律师等专业人士的积极参与,使处于弱势地位的中小投资者权益保障更加有力,也使民事赔偿机制在证券纠纷领域发挥出很强的威慑作用,成为对证券违法行为进行监督的强大力量。然而,经济利益驱动下的集团诉讼的弊端也极为突出,具体表现为:律师更愿意对支付能力强的大公司提起诉讼,倾向于选择代理诉讼标的额大的案件,出于缩短诉讼周期及降低代理成本考虑几乎普遍以和解结案,原告投资者实际获得的赔偿极为有限,滥诉、扰诉频发等。因此,尽管律师主导的集团诉讼克服了集体行动的困境,对市场主体违法行为产生一定的威慑力,但受损投资者的合法利益却未能得到最有效的保护。相较之下,由投保机构主导的集团诉讼有追求公共利益、避免“滥诉”以及配合监管部门执法的优势,而这些恰恰是律师主导的模式欠缺的。

律师主导还是投保机构主导,从本质上说,源于两种思想之争——依靠“市场之手”还是“政府之手”解决证券市场的群体性纠纷?本文认为,结合我国特别代表人诉讼的立法目的和我国投保机构的职能定位,目前赋予投保机构提起特别代表人诉讼的“垄断”地位,是可行且妥当的。

首先,特别代表人诉讼旨在打击资本市场违法行为,“默示加入,明示退出”的诉讼制度可以将对违法主体的民事追责力度发挥到最大,从域外实施效果来看,不乏出现因集团诉讼导致违法主体破产的极端情形。正因如此,特别代表人诉讼的提起及诉讼过程应当谨慎,避免出于私利而滥诉、扰诉、搅乱资本市场的正常运行。投服中心受证监会直接管理,其主要领导由证监会任命,其在特别代表人诉讼中的重要情况也需向证监会报告,我国的特别代表人诉讼将以“稳健”而非“激进”的方式推行,这与我国目前既想打击证券违法行为但又避免对市场震动过大的监管目的是基本适应的。

其次,特别代表人诉讼的另一主要功能是保护投资者的合法权益。如前所述,律师主导与投保机构主导的诉讼模式最大区别在于私利驱动还是公益驱动,若想使受损投资者的利益最大化,由投保机构作为其代理人参加诉讼不失为最佳的选择。

最后,我国投保机构主导的特别代表人诉讼并不排斥律师的参与。截至2020年,投服中心已积累了200名公益律师,多年来,投服中心代表中小投资者成功维权离不开律师的支持与协助。特别代表人诉讼更将如此,证券群体性纠纷案件更为专业、复杂、棘手,鼓励律师参与其中无疑有利于案件的顺利进行,只不过律师不能以代表人而是以投服中心聘请的代理人的身份参与诉讼。

(二)特别代表人诉讼案件选定的标准与程序

特别代表人诉讼作为一种示范性的诉讼方式,应关注重点案件,不应覆盖所有的案件。同时,现阶段主要由投服中心参加特别代表人诉讼,囿于人力、财力等限制,投服中心能够实际参与的案件数量必定有限。因此,合理设置选案标准与程序,利用有限的资源实现最佳的制度效果,是落实特别代表人诉讼制度首先需要解决的问题。

1. 选案标准

投服中心在选取拟参加特别代表人诉讼案件时需遵循法定、公益和效率等原则。第一,法定原则。投服中心选取案件时,首先应遵循法律法规、司法解释和证监会规章的要求,既不能超越法定授权,也不应回避应有职责。第二,公益原则。无论是确定特别代表人诉讼的选案标准,还是就个案决定是否作为代表人参加诉讼,投服中心都应把公共利益放在首位。如果某案件中存在严重扰乱证券市场秩序、严重损害投资者利益的行为,投服中心应考虑参与。第三,效率原则。投服中心的资源有限,应合理配置。投资者获得救济和惩戒威慑违法者均建立在投资者实际获得赔偿之上,倘若违法者偿付能力有限、案件复杂,而投服中心付出成本较大,即便案件胜诉也不能实现赔偿投资者的目的,在这种情况下,投服中心选案时应兼顾效率原则。①

此外,《投服中心业务规则》第16条规定明确列举了三项选案标准:(1)有关机关作出行政处罚或刑事裁判等;(2)案件典型重大、社会影响恶劣、具有示范意义;(3)被告具有一定偿付能力。实践中证监会每年处罚的案件近300件,符合这三项标准的应不在少数,但投服中心能够提起代表人诉讼的肯定只是其中的极小部分,实践中还不得不面临裁量、选择问题。换言之,该条规定的选案标准可能失之宽泛,可操作性尚待提高。

---

① 参见郭雳:《投服中心参加特别代表人诉讼的选案标准:学理视角与参考建议》,载中国投资者网:https://www.investor.org.cn/tflt/tflt2020/news/202009/t20200904_452295.shtml,最后访问日期:2020年10月14日。

《投服中心业务规则》第 16 条规定了前置程序，即符合选案标准的情形之一就是有关机关已作出行政处罚或刑事裁判。将行政处罚或者刑事判决作为选取集团案件的前置条件，有利于消除集团诉讼中的不确定性，避免可能出现的反复，且有利于提高诉讼效率。但不容回避的是，此类案件由于有行政机关或者法院的先行认定，投资者胜诉的概率较大，可能并不属于实践中被称为“硬骨头”的疑难案件，反而是属于相对容易在民事诉讼中取得司法支持、获得民事赔偿的案件。如果主要对此类案件提起特别代表人诉讼，可能无法充分发挥投服中心的专业和资源优势。因此，建议适当放宽初步筛选案件的标准，将那些对投资者权益造成损害但还未最终作出行政处罚或者刑事裁判的案件也纳入选案范围。在特别代表人诉讼制度建立之前，因为该类案件取证难度较大，投资者在民事诉讼中常常处于难起诉更难胜诉的被动地位；而等到耗时漫长的行政调查结束后最终作出行政处罚时，违法主体可能早已不具备偿付能力，此时即便依据行政处罚获得民事诉讼的胜利，受损投资者也处于无法获得足额赔偿的尴尬地位。需要明确的是，民事追责并非行政追责或刑事追责作出后对受损投资者的补偿，而是在行政监管之外，另外开辟的一条及时发现违法、震慑违法的救济途径。基于此，由投服中心主导的特别代表人诉讼应当着眼于已出现违法情形还未受到行政处罚或者司法裁决的公司及个人，在违法行为发生初期及时通过民事诉讼的方式为广大受损投资者争取最大程度的权益保障。

2. 选案程序

在案件的选定程序上，《投服中心业务规则》规定，投服中心首先对案件进行预研，预研认为有必要参加的，可启动重大案件评估机制。投服中心结合重大案件评估会意见，决定是否参加特别代表人诉讼。预研和重大案件评估机制具有公平、透明、专业的特点，是增强特别代表人诉讼案件选取的公信力、减少外界争议、降低利益冲突的重要方式。为更好地发挥选案程序效能，本文提出以下两方面完善建议：一方面，在预研环节，除《投服中心业务规则》第 16 条明确列出的选案情形外，投服中心可将案件的胜诉概率以及是否有更好的替代性救济途径作为预研考量，在权衡效率和效果的基础上，将有限的公共资源投入更能实现社会效果的案件中；另一方面，在专家评估环节，建议对重大案件的评估机制应作为一项必经程序，这样可以充分吸纳投服中心工作人员、外部专家学者、公益律师以及一些投资机构代表等的意见，使案件的最终选择结果更具公信力。

(三)投保机构的代理权限

"退出制"集团诉讼的核心内容之一,是原告投资者选择退出权(opt-out right)的行使。根据美国《联邦民事诉讼规则》(Federal Rules of Civil Procedure),集团诉讼成员享有两次选择退出权,分别发生在集团诉讼的原告成员确认程序阶段和诉讼过程中的和解阶段。可以说,正因为美国集团诉讼中集团成员享有两次选择退出的权利,才增强了集团成员掌控相关诉讼权利的能力,也相应提高了集团成员在诉讼中意思表示的真实性。

"默示加入,明示退出"的特别代表人诉讼在我国民事诉讼领域属于重大制度创新,并无司法实践经验。关于对代表人的特别授权问题,《民事诉讼法》采取明示特别授权规则,即代表人处分实体权利须逐一征得被代表原告的明确同意,但这导致诉讼程序烦琐冗长、久拖不决,这也是《民事诉讼法》规定的代表人诉讼在实践中始终无法落地的原因之一。对此,《若干规定》及相关配套规则采用默示特别授权规则,即未声明退出则表示加入,该规则是对诉讼效率与权利保障两种价值进行重新权衡的结果:一方面,默示特别授权规则意味着诉讼代表人无须在涉及投资者实体权利处分的各阶段逐一征求每位投资者的具体意见,有助于显著提升诉讼效率;另一方面,考虑不同投资者在利益诉求、风险偏好、诉讼能力等方面不尽相同,也赋予个别投资者自行维权或者退出诉讼程序的权利。可以说,默示特别授权是整个特别代表人诉讼制度的核心,也是特别代表人诉讼程序得以推进的关键。

具体而言,在一审判决作出前,原告投资者享有两次选择退出权。其一,在诉讼权利登记阶段,不同意参加诉讼的投资者,有权向法院声明退出,未声明退出的视为加入诉讼;其二,投服中心作为诉讼代表人与被告达成调解协议草案的,不同意调解方案的投资者,可以向法院申请退出调解并继续诉讼。在一审判决作出后,原告投资者依然享有退出权,即代表人决定上诉的,个别投资者有放弃上诉的权利。

个别投资者是否可以及时有效地行使退出权,取决于法院及相关主体是否依法履行了通知义务。通知程序在特别代表人诉讼中具有特别意义,其出发点是给予不出庭的原告投资者以正当程序规则的保护,也是特别代表人诉讼的裁判或者调解结果对所有原告产生约束力的前提。我国审判实践中,司法送达主要有三种方式:一是邮政送达;二是电子送达;三是公告送达。邮政送达确保了通知的有效性,但司法资源成本过高,公告送达高效便捷,但难以确保通知的有效性。有观点主张,在特别代表人诉讼案件中,切实可行的送达路径是司法部门与证券监管部门通力合作,通过搭建专门的电子送达平台，根据从证券登记结算机构调取的投资者的电子联络方式，依托信息化技术手段，实现高效便捷的电子送达功能。[①] 本文认为，电子送达平台搭建的成本和效率不确定性较大，对证券代表人诉讼的效率会产生明显影响，并非最佳选择。特别证券代表人诉讼的制度本意就在于高效地保护投资者权利，本文认为，《投服中心业务规则》第 23 条、第 24 条、第 25 条规定的公告通知方式较为妥当，既保证了诉讼效率，又不影响投资者实体权利的保护。

（四）投保机构的行权监督

尽管本文强调应当赋予投保机构在特别诉讼代表人诉讼制度中的独立性和应有权力，但并不意味着投保机构处于监督的“真空地带”。相反，正是由于投保机构在特别代表人诉讼案件选定及诉讼过程中享有较大的权限，投保机构的决策可能影响成千上万投资者的具体权益，因此，有必要对投保机构的行权行为进行监督。

首先，发挥证监会的监督作用。《投服中心业务规则》第 5 条规定：“投服中心参加特别代表人诉讼，应当及时将决定参加诉讼、调解、决定是否上诉等重要情况向中国证监会报告，案件结束后进行专项报告。”因此，证监会对特别代表人诉讼的进展与情况应该是十分了解的，同时结合证监会对投服中心的管理职能，证监会无疑是监督投保机构参与特别代表人诉讼全过程的适格主体。

其次，发挥公众的监督作用。《金融法院代表人诉讼机制》第 33 条规定：“代表人诉讼案件的庭审可以通过互联网直播，但依法不公开的除外。”本文认为，应当借助互联网直播的方式，充分发挥公众监督的作用。发挥公众监督可以起到两方面的效果：一方面，公众可以见证、检验投服中心的履职效果；另一方面，案件的公开直播也是最鲜明生动的投资者教育。我国的 A 股市场以散户为主，投资者众多，但当其权益受到侵害时，却囿于资源不足或者维权意识不强而放弃拿起法律武器捍卫自己的投资者权利，因此，若庭审可以通过互联网直播的方式走进每个投资者视野，是对投资者极其有益的维权宣传教育。

最后，法院应对投保机构的诉讼活动进行监督。监督贯穿于特别代表人诉讼的各个方面，包括投保机构是否接受委托担任诉讼代理人、是否及时向法院进行诉讼成员的登记、是否及时主张执行并协助向投资者划付赔偿金等，以确保投保机构既不消极应对，也不过分行权。

---

① 参见单素华：《证券纠纷特别代表人诉讼相关程序性法律问题分析》，载新华网：http://www.xinhuanet.com/finance/2020-09/04/c_1126452998.htm，最后访问日期：2020 年 10 月 4 日。

(五)投保机构与律师的法律定位

我国特别代表人诉讼制度下,投保机构与律师应当优势互补,形成良性互动。我国资本市场中,律师一直是活跃的群体。近年来,随着被行政处罚的上市公司数量激增,越来越多的律师加入证券维权队伍,参与代理证券虚假陈述案,我国已涌现出一批专业能力强、证券诉讼经验丰富的律师群体。据了解,目前全国约有近百位律师专门代理投资者证券虚假陈述案件。尽管我国的投保机构已具备较为丰富的投资者保护经验,但证券民事诉讼的专业难度是普通民事案件无法比拟的。尤其是在对投保机构选择参与的特别代表人诉讼案件的复杂程度、影响程度都提出更高要求的情况下,律师的参与(如作为投保机构的代理律师),无疑可以为投保机构提供更为强大的诉讼技能和专业支撑。同样,律师还可以作为专业人士参与特别代表人诉讼的调解。专业律师的加入,可以节约诉讼资源,使争议获得有效的解决。因此,特别代表人诉讼中有必要鼓励律师的参与,发挥律师群体在投资者保护的独特作用。

目前,实务中已经有法院开始尝试在证券纠纷中启动代表人诉讼。2020年3月,杭州市中级人民法院在"五洋债"一案中宣布采取人数不确定的代表人诉讼方式进行审理,网络公告通知相关权利人在规定期限内向法院登记。该案标志着我国证券民事赔偿代表人诉讼第一案正式启动,成为人数不确定的代表人诉讼在证券民事赔偿诉讼领域的首次司法实践。2020年5月,南京市中级人民法院就辉丰生物等4家公司的违法行为批量启动证券代表人诉讼。

特别代表人诉讼还未破冰,还处于"摸着石头过河"的阶段。特别代表人诉讼制度的顺利实施,尤其是投保机构主导作用的发挥,关键在于各方主体能够形成诉讼合力。这有赖于市场投资者充分了解特别代表人诉讼制度,进行理性维权;有赖于投保机构加大宣传力度,充分发挥专业机构的优势作用;也有赖于其他主体如证券登记结算机构等给予大力支持。在多方共同努力下,相信具有中国特色的特别代表人诉讼制度将在未来的实践中孕育出更多的好案例,产生示范效应,更好地维护资本市场的健康稳定和良好生态,打造一个公正、透明、开放、有活力、有韧劲的证券市场。

对新《证券法》第58条强化证券交易实名制要求的思考与建议

张燕伟[*]　王　静[**]

前　言

《证券法》(2019年修订)(以下简称新《证券法》)在深入分析证券市场运行规律和发展阶段性特点的基础上,作出了一系列新的制度改革完善,其中对于证券交易实名制要求的强化是亮点之一。在任何违法交易都会留痕的大数据时代,证券交易实名制的规定有利于提高证券交易的规范度、诚信度和透明度,同时,可以预防单位或个人恶意规避证券交易实名制的要求从事内幕交易、操纵市场或"老鼠仓"交易等不合法不道德的证券交易活动,[①]对证券市场健康稳定发展有重要意义。

一、修订概要

新《证券法》第58条规定:"任何单位和个人不得违反规定,出借自己的证券账户或者借用他人的证券账户从事证券交易。"第195条规定:"违反本法第五十八条的规定,出借自己的证券账户或者借用他人的证券账户从事证券交易的,责令改正,给予警告,可以处五十万元以下的罚款。"前述两条规定实质上是分别对《证券法》(2014年修正)(以下简称2014年《证券法》)第80条、第208条第1款进行了修改

* 上海市汇业律师事务所合伙人。

** 华东政法大学国际法学院硕士研究生。

① 参见刘萌:《新〈证券法〉让市场有"眼睛"法律有"牙齿"》,载证券日报网:http://www.zqrb.cn/stock/gupiaoyaowen/2019-12-31/A1577715763079.html,最后访问日期:2020年3月28日。

(见附表1)。修改内容主要包括三个方面:一是扩大了禁止出借证券账户的主体,即将"法人"扩大为"任何单位和个人";二是完善了此类违法行为模式,即从"出借"修改为"出借或借用";三是改变行政处罚方式及提高了金钱罚额力度,即从"区分情形+最高罚额30万元"的处罚模式修改为"一刀切不容忍+最高罚额50万元"的模式。

证券账户实名制体现为开立实名制和交易实名制两方面。证券法至今进行过5次修正或修订,新《证券法》之前,对于证券账户的实名开立和使用均已有相应规定。但是,在证券账户使用环节,新《证券法》之前,个人并未纳入法律层面的"禁止出借/借用证券账户"条款的规制对象。

事实上,早在2006年7月1日开始实施的,由证监会发布的《证券登记结算管理办法》(以下简称《登记结算办法》)第22条早已规定"投资者不得将本人的证券账户提供给他人使用"的投资者禁止出借证券账户条款,且在2009年、2017年、2018年3次修订中该等投资者禁止出借证券账户条款从未修改或删除。除此之外,在2015年"股灾"后,证监会发布的《关于清理整顿违法从事证券业务活动的意见》(以下简称《整顿意见》)中亦强调"证券投资者应当按照法律法规和中国证监会的有关规定,严格遵守证券账户实名制要求开立证券账户。任何机构和个人不得出借自己的证券账户,不得借用他人证券账户买卖证券"。2018年6月15日,中国证券登记结算公司发布《关于对证券违法案件中违反账户实名制行为加强自律管理的通知》,其更是首次提出对账户出借人采取限制新开户的自律管理措施。

因此,从规定层面来说,禁止个人出借、借用证券账户并不是一个全新的内容,此次新《证券法》的修订是将此类可能扰乱证券市场秩序、危及证券市场平稳运行的行为提高到了法律层面上进行禁止规定,是对证券交易实名制要求的进一步强化。

二、修订意义

(一)是保障投资者权益与完善监管体系的应有之义

证券交易实名制是证券账户管理的基本要求,也是保障证券市场安全稳定运行,维护投资者合法权益的重要措施。从财产法的角度来说,由于我国是证券的直接持有模式,投资者在中登公司开立证券账户,对其名下的证券享有完全的、可溯源的权益,是直接的所有者权益,具有准物权的特点,具有排他性。[①] 根据证券财产权的这一性质,我国证券账户的持有人和所有人必须保持一致,才能有效保障证券财产权属及流转秩序,降低投资者财产风险,保障证券账户所有人的权益。[②] 从监管层面来说,证券账户实名制是穿透式监管渗透金融各领域的必然要求。穿透式监管有两层含义:一是客户端考量,即穿透识别产品的最终持有者;二是资产端考量,即识别产品底层资产,识别资产风险。在证券市场,穿透式监管主要是指透过证券账户识别投资者身份进而解决交易中的匿名性问题,包含账户识别和实际控制关系识别两个层次。[③]

(二)是建立行为标准与统一执法和司法的必要措施

笔者认为,提高到法律层面上明确禁止个人出借、借用证券账户的意义不止于上述宏观层面,其对于实践中平衡行政处罚的不对等性,以及结合最高人民法院于2019年11月14日发布的《全国法院民商事审判工作会议纪要》(以下简称《九民纪要》)中"未经依法批准,任何单位和个人不得非法从事配资业务"的规定,进一步统一纠纷解决的裁判观点与尺度均有重要意义。

笔者从公开途径检索到包括"出借证券账户"行为的2007~2018年的行政处罚决定书53份,以及2011~2020年各地法院对于"出借证券账户"是否影响基础合同关系效力的裁判文书52份。通过研究梳理笔者发现了如下问题。

1.行政处罚方面存在处罚不对等的失衡

在53份涉及法人利用、借用自然人证券账户的违规行为,违反证券交易实名制的行政处罚决定书中,共有39份涉及处罚自然人,但此类自然人并非"出借"证券账户的自然人,而是前述利用、借用自然人账户的法人的实际决策人或直接负责人员,即"出借"证券账户的自然人并未受到行政处罚。

借用行为没有出借方是无法完成的。虽然自2006年起,《登记结算办法》即规定了禁止投资者出借证券账户条款,但其法律效力层级限于部委规章,无法作为处罚依据,且通过前述检索笔者也没有发现"出借"证券账户的自然人受到行政处罚的实践。

---

① 参见刘燕、夏戴乐:《股灾中杠杆机制的法律分析——系统性风险的视角》,载郭锋主编:《证券法律评论》(2016年卷),中国法制出版社2016年版,第107~131页。

② 参见车素芬:《论我国证券账户实名制的完善》,浙江大学2018年硕士学位论文,第8页。

③ 参见彭鲁军、滕玉琳:《境外若干市场看穿式监管实践及对我国证券市场的启示》,载黄红元、卢文道主编:《证券法苑》(第23卷),法律出版社2017年版,第170~189页。转引自车素芬:《论我国证券账户实名制的完善》,浙江大学2018年硕士学位论文,第8页。

新《证券法》之前的法律层面的规定,也仅针对上述借用自然人账户的法人的违法行为存在处罚依据,进而可以纠正法人的此类违法行为,对于“出借”证券账户的自然人却因无处罚依据故无法处罚,导致前述可能双方在违法事由中均起主要作用,却因法律规定层面的空白仅处罚了法人一方的不对等结果。尽管2018年设立了针对证券账户出借人的限制新开户的自律管理措施,但从违法成本的角度来说依旧过轻。

2. 民事司法裁判方面存在相同事由不同裁判的分歧

在司法案例中,“出借/借用证券账户”的行为往往与场外配资类似或挂钩,具体表现为借用人提供保证金、实际控制证券账户、实际承担盈亏,而出借人提供部分资金及证券账户,并按固定比例提取固定收益。当一方为公司,即法人时,双方之间协议往往采用《投资顾问聘用协议》《证券投资合作协议书》《借款协议书》等形式;当双方均为自然人时,其协议往往采用《借款协议书》《证券资金借款协议书》等形式。在上述协议下,出借人可能在投资亏损时,按约拥有强制平仓的权利,以保障资金安全,而借用人按约才是证券账户的实际控制人并实际承担盈亏,因此,当投资出现亏损时,双方易因损失承担问题产生纠纷。

法律关系的定性与合同效力的判断是判决损失分担的必要前提。法律关系的定性影响适用法律的选择,合同效力的判断决定损失分担的基础。如前述,包括“出借/借用证券账户”的场景往往存在基础协议,综观52份裁判文书样本,若协议被法院认定有效则损失分担以协议内容为基础,若协议被法院认定无效则损失分担以《合同法》第58条①为基础。

(1)法律关系的定性

经统计52份裁判文书记载的案由,24份为合同纠纷(包括深圳法院定为场外股票融资合同纠纷2份、南京法院定为场外股票融资合同纠纷1份、广州法院定为投资顾问协议纠纷1份的案件),1份为场外股票融资纠纷(泰州市中级人民法院),17份为民间借贷纠纷,3份为融资融券交易纠纷,3份为借款合同纠纷,1份为委托理财合同纠纷,1份为委托合同纠纷,1份为证券投资基金交易纠纷,1份为证券托管纠纷。

---

① 《合同法》第58条规定:“合同无效或者被撤销后,因该合同取得的财产,应当予以返还;不能返还或者没有必要返还的,应当折价补偿。有过错的一方应当赔偿对方因此所受到的损失,双方都有过错的,应当各自承担相应的责任。”

在分析包含“出借/借用证券账户”行为的案涉协议的法律性质时,共有18份裁判文书认定当事人之间的协议符合场外配资法律关系的特征,其中,双方均为自然人的12份,一方为法人一方为自然人的为6份;共有17份裁判文书认定当事人之间的协议符合民间借贷法律关系的特征,其中,双方均为自然人的为16份,一方为法人一方为自然人的为1份①;未对法律关系性质予以评价的为17份。

(2)合同效力的判断

在判定包含“出借/借用证券账户”行为的案涉协议效力时,共有31份裁判文书认定当事人之间协议有效,其中双方均为自然人的为30份,一方为法人一方为自然人的为1份;共有21份文书认定当事人之间协议无效,其中双方均为自然人的为8份,一方为法人一方为自然人的为13份。

需要提及的是,深圳市中级人民法院早在2015年11月12日便发布了《深圳市中级人民法院关于审理场外股票融资合同纠纷案件的裁判指引》,其中对于场外股票融资合同含义、特征及审判思路予以规定,明确了场外股票融资合同属于《合同法》第52条第4项及第5项规定的情形,②应当认定为无效合同。在52份样本中,有5份为广东省法院作出的裁判,其中,4份被认定为场外配资法律关系的案件,无论双方均系自然人还是一方为法人另一方为自然人均依照该指引认定案涉协议无效。

不得不指出的是:第一,在法院认定当事人之间的协议符合民间借贷法律关系特征的17份裁判文书中,协议效力均认定为有效;第二,在双方均为自然人且符合场外配资法律关系特征的12份裁判文书中,对于案涉协议效力的判断存在不同的认定,体现为5份认定协议无效,7份认定协议有效(见附表2,需特别说明的是,该7份法院认定协议有效的裁判文书有6份是在《九民纪要》发布之前作出的);第三,在《整顿意见》早已发布,《九民纪要》已对场外配资合同效力明确规定无效,新《证券法》已发布但尚未生效之前,根据浙江省绍兴市中级人民法院于2020年2月24日作出的(2019)浙06民终3521号民事判决书的记载,一审法院基于2014年《证券法》第80条等规定系针对法人而非自然人的禁止性规定,及认为案涉协议内容仅涉及双方当事人,从单一合同考量,并不足以构成损害社会公共利益,从而认定自然人之间具有

① (2015)东商初字第7140号《浙江帮帮忙投资管理有限公司与吴某华、吴某兰民间借贷纠纷一审民事判决书》,浙江省东阳市人民法院。

② 《合同法》第52条规定:“有下列情形之一的,合同无效:(一)一方以欺诈、胁迫的手段订立合同,损害国家利益;(二)恶意串通,损害国家、集体或者第三人利益;(三)以合法形式掩盖非法目的;(四)损害社会公共利益;(五)违反法律、行政法规的强制性规定。”

场外股票融资合同性质的案涉协议有效。[1] 二审法院对一审法院的前述认定未有改变。

由此可以看出,在新《证券法》生效之前,各地法院对于自然人之间包括“出借/借用证券账户”行为的前述纠纷存在诸多相同事由但不同的司法裁判,经研究梳理后可将法院作出裁判的考量维度大致分为以下情况:第一,认定协议有效的理由主要包括三类:一是《证券法》的规制对象仅针对法人而非自然人,且《登记结算办法》及《整顿意见》均属于部委规章,不符合《合同法》第52条的规定;二是《证券法》的规定系管理性强制性规定而非效力性强制性规定,不符合《合同法》第52条的规定;三是从单一合同考量,并不足以构成损害社会公共利益,不符合《合同法》第52条的规定。第二,认定协议无效的理由主要是一类,即违反《证券法》《证券公司监督管理条例》关于股票账户实名制、禁止违法出借证券账户等的规定,规避了证券市场监管,放大了市场风险,客观上破坏了证券市场秩序,损害了社会公共利益,符合《合同法》第52条的规定。

上述相同事由不同裁判所带来的,不仅是当事人行为相同承担的民事责任却不同的尴尬,也是对法律可预见性这一基本属性的危害,更难以预先对当事人的行为起到指引作用。

三、修订后的其他相关思考与建议

新《证券法》生效后,在行政处罚方面实现了有法可依,在民事司法裁判方面暂且不论溯及力的问题,至少可以预见到的是,各地法院很可能不再以法律规定规制的主体有限作为裁判理由之一。

但对于证券交易实名制的全面落实以及裁判尺度的完全统一,可能依旧会因为现行规定较为原则、强制性规定较难识别等原因任重而道远。对此,笔者仅作如下思考与建议,以抛砖引玉。

(一)新《证券法》第58条到底是管理性强制性规定还是效力性强制性规定?

综观上述52份裁判文书样本,如一方当事人为法人,且法院明确认为案涉协议违反了2014年《证券法》第80条的规定,均认定案涉协议无效。由此可推导出,在这

---

① (2019)浙06民终3521号《邱某某、刘某合同纠纷二审民事判决书》,浙江省绍兴市中级人民法院。

些案件中,法院认为2014年《证券法》第80条是属于效力性强制性规定的,但是也有法院很笼统地认为案涉协议虽然违反了证券账户实名制、禁止出借证券账户等规定,但这些规定均为管理性规定。那么,新《证券法》第58条到底是管理性强制性规定还是效力性强制性规定呢?

尽管如前所述,深圳市中级人民法院曾出台相关指引明确场外股票融资合同为效力性强制性规定,但其毕竟仅是地方司法文件,在实践中也仅可在特定地区起到说理论证的作用,无作为普遍适用的裁判依据的效力。虽然2019年《全国法院民商事审判工作会议纪要》明确规定除依法取得融资融券资格的证券公司与客户开展的融资融券业务外,对其他任何单位或者个人与用资人的场外配资合同,法院应当认定为无效,但是,并非所有的单位或个人出借或者借用他人证券账户都属于场外配资或为了场外配资之目的。

除此之外,2015年9月1日出台的《最高人民法院关于审理民间借贷案件适用法律若干问题的规定》中第9条第4项载明,"出借人将特定资金账户支配权授权给借款人的,自借款人取得对该账户实际支配权时"自然人之间借款合同生效。基于此,自然人出借特定资金账户是被认可的行为。在研究相关裁判文书时,不乏将自然人之间出借证券账户情形适用前述规定并认定自然人之间借款合同有效的案件。

尽管新《证券法》第58条已明确规定,个人不得违反规定出借或者借用他人的证券账户,但倘若不进一步明确该规定是管理性强制性规定还是效力性强制性规定,仍会存在裁判观点不一的可能。新《证券法》已将证券交易实名制的要求提升到法律规定的层面,《九民纪要》第30条规定的强制性规定的识别对如何识别新《证券法》第58条有一定的指引作用,但考虑《九民纪要》是早于新《证券法》发布的,笔者建议,对该直接影响合同效力的问题采取司法解释的形式进行进一步明确。

(二)新《证券法》第58条规制的是"违反规定的"出借/借用,"规定"是指哪些?

笔者注意到,新《证券法》第58条存在限制条件,即禁止"违反规定"的出借/借用。该"规定"包括哪些可能会引发不同的认定。是否不仅包括法律、行政法规,还涵盖新《证券法》生效前后证监会等部门发布的部门规章及规范性文件以及证券业协会等自律组织发布的自律性规范等,均有待明确。

(三)新《证券法》第58条规定的出借/借用行为应当如何界定和识别?

何为出借/借用行为,通过对行政处罚及司法裁判的梳理,笔者认为,主要需从证券账户内资金来源及去向、证券交易实际决策方、盈亏实际享有承担方三个维度进行综合考量。在证券交易实名制的应然要求下,证券账户内资金来源及去向、证券交易的实际决策、盈亏享有承担的主体一般均应为证券账户持有人。而当此三个方面出现不一致时,是否即构成证券账户的出借/借用行为,并不能一概而论。例如,证券账户持有人资金不足时确实可能向他人借钱,证券账户的资金源于他人,此时资金来源便与应然要求不完全相同,但在此情形下证券账户持有人并未出借或借用证券账户,若仅因证券账户资金来源与证券账户持有人不一致而禁止明显不合理。故需对上述三个维度进行综合考量。

另外,实践中难免会出现亲人之间代为操作证券账户的情况,特别是夫妻之间、子女和年长父母之间(排除相关规定对因具有特殊身份进行证券交易有限制的一方)代为操作证券账户,此种情形下如何识别、是否认定为出借/借用行为、是否将根据新《证券法》第195条进行处罚等问题,实践中的情况可能甚是复杂,尚待实践检验。

(四)新《证券法》第58条及相应罚则是否能促使证券交易实名制落到实处?

笔者认为,新《证券法》第58条是将此前已有相关监管规定的证券交易实名制要求提高到了法律层面,相应的新《证券法》第195条规定的罚则在一定程度上可以起到教育投资者、预防风险的作用。但是罚则只是事后救济,对于事前预防出借/借用证券账户,还需监管技术的革新以及投资者的重视守法。

不得不承认,证券交易实名制是一个监管难题,毕竟证券交易体量如此之大,如何建立有效的监测机制、是否可实现实时监测等都是技术层面上亟待研究并解决的问题。除此之外,进一步加大宣传违反证券交易实名制可能带来的内幕交易、操纵市场等风险,以及投资者因出借/借用证券账户可能面临血本无归、负债累累的众多实践案例,引起投资者的重视守法,更是预防出借/借用证券账户的重中之重。

结　语

徒善不足以为政,徒法不能以自行。新《证券法》对证券交易实名制要求的强化,是不断深化依法、全面、从严监管理念的时代背景下的必然结果,而证券市场中每个主体的参与、配合、自律,证券公司等机构依法依规运行管理、证券投资者提高守法合规意识,方能成就证券市场的持续健康稳定发展。

附表 1

《证券法》(2014 年修正) 2014.8.31 生效	《证券法》(修订草案) (三次审议稿)2019.4.26	《证券法》(2019 年修订) 2020.3.1 生效
第八十条　禁止法人非法利用他人账户从事证券交易;禁止法人出借自己或者他人的证券账户。 第二百零八条　违反本法规定,法人以他人名义设立账户或者利用他人账户买卖证券的,责令改正,没收违法所得,并处以违法所得一倍以上五倍以下的罚款;没有违法所得或者违法所得不足三万元的,处以三万元以上三十万元以下的罚款。对直接负责的主管人员和其他直接责任人员给予警告,并处以三万元以上十万元以下的罚款。 证券公司为前款规定的违法行为提供自己或者他人的证券交易账户的,除依照前款的规定处罚外,还应当撤销直接负责的主管人员和其他直接责任人员的任职资格或者证券从业资格	第六十六条　禁止利用他人账户从事证券交易;禁止出借自己或者他人的证券账户。 第二百零七条　违反本法第六十六条的规定,利用他人账户买卖证券,或者出借证券账户的,责令改正,给予警告,并处以五万元以上五十万元以下的罚款	第五十八条　任何单位和个人不得违反规定,出借自己的证券账户或者借用他人的证券账户从事证券交易。 第一百九十五条　违反本法第五十八条的规定,出借自己的证券账户或者借用他人的证券账户从事证券交易的,责令改正,给予警告,可以处五十万元以下的罚款

附表 2

裁判文书	无效理由
黄某某、王某某合同纠纷二审民事判决书 (2017)皖 01 民终 6786 号 合肥市中级人民法院 2017.12.15	《证券法》第 166 条规定证券账户实名制,投资者必须以其自己的名义申请开设证券账户;第 80 条规定禁止出借自己或他人的证券账户进行交易。本案协议约定被告以原告名义开设的证券账户进行股票交易,违反法律强制性规定,且从协议内容看原告不承担任何投资风险,固定收益条款违背风险共担的投资原则,符合《合同法》第 52 条第 4 项和第 5 项规定的情形,应属无效合同
赵某某、杨某某证券投资基金交易纠纷二审民事判决书 (2017)豫 04 民终 4283 号 河南省平顶山市中级人民法院 2017.12.29	双方签订的融资借款合同系场外股票融资合同,该合同因违反《证券法》《证券公司监督管理条例》关于股票账户实名制、禁止违法出借证券账户、禁止未经批准经营证券业务的相关规定,规避了证券市场的监管,放大了市场风险。在当前市场的背景下,场外股票融资交易客观上破坏了金融证券市场秩序,损害社会公共利益,属于《合同法》第 52 条第 4 项、第 5 项规定的情形,应当认定为无效合同

续表

裁判文书	无效理由
申某某、林某某合同纠纷二审民事判决书 (2018)粤 01 民终 11910 号 广东省广州市中级人民法院 2018.9.4	本案林某某向申某某提供股票操作账户及操作资金的行为,违反了我国证券法有关账户实名制及证券业务监管的强制性规定,规避证券市场监管,放大市场风险,破坏金融证券市场秩序,损害社会公共利益,属于《合同法》第 52 条规定的情形,故应当认定双方《投资顾问协议》为无效合同
陈某杰、陈某堂合同纠纷二审民事判决书 (2019)浙 01 民终 2269 号 浙江省杭州市中级人民法院 2019.5.10	根据我国证券法的规定,股票融资服务属于国家特许经营的金融业务,应当经国务院证券监督管理机构批准。陈某堂与陈某杰之间订立的借款协议为场外股票融资合同,属于《最高人民法院关于适用〈中华人民共和国合同法〉若干问题的解释(一)》规定的违反国家限制经营、特许经营以及法律、行政法规禁止经营规定的合同,客观上破坏了金融证券市场秩序,损害了社会公共利益,违反了《合同法》第 52 条第 4 项、第 5 项的规定,属无效合同
王某与赵某某合同纠纷二审民事判决书 (2019)鲁 01 民终 6830 号 山东省济南市中级人民法院 2019.8.28	就场外股票配资合同的效力问题,该《借款协议》违反了《证券法》第 122 条、第 142 条、第 166 条,《证券公司监督管理条例》第 28 条以及《证券登记结算管理办法》第 22 条等关于股票账户实名制、禁止违法出借证券账户的规定,规避证券市场监管,放大市场风险,客观上破坏了金融证券市场秩序,损害公共利益,根据《合同法》第 52 条第 5 项的规定,应当认定为无效合同
裁判文书	有效理由 (需特别说明的是,该 7 份法院认定协议有效的裁判文书有 6 份是在《九民纪要》发布之前作出的)
张某某与被上诉人斯某某合同纠纷一案 (2016)浙 02 民终 2798 号 浙江省宁波市中级人民法院 2017.2.17	合同所约定借款及担保款用于股票操作,实际系双方对借款用途的特殊约定,目前法律并未明确规定场外配资合同无效,而《证券法》及相关规定中关于证券账户实名制和不得出借证券账户的规定仅为管理性规定,故本案应尊重当事人的意思自治,《借款合同》及《借款合同补充协议》均合法有效

续表

裁判文书	有效理由
詹某某、李某某合同纠纷二审民事判决书 (2018)鄂05民终122号 湖北省宜昌市中级人民法院 2018.6.11	本案是一起因原告请被告为其配资进行炒股引起的纠纷,因配资炒股合同在《合同法》中并无明文规定,故本案应定性为合同纠纷。对于案涉《协议书》的法律效力,《证券法》第80条规定,“禁止法人非法利用他人账户从事证券交易;禁止法人出借自己或者他人的证券账户”。本案中出借账户的是自然人而非法人,不违反《证券法》第80条之规定。《证券法》第166条虽然规定证券登记结算机构应当按照规定以投资者本人的名义为投资者开立证券账户,但该条是针对证券登记结算机构作出的管理性强制性规定。故原告、被告在协议书中关于被告提供账户供原告炒股的规定并未违反法律的效力性强制性规定,故案涉《协议书》应为有效合同,原告、被告双方均应当按照《协议书》的约定履行各自的义务
王某某、施某某民间借贷纠纷二审民事判决书 (2018)浙11民终1226号 浙江省丽水市中级人民法院 2018.11.14	上诉人施某某称双方之间的场外股票融资行为违反了《证券法》、《证券公司监督管理条例》及证监会相关禁止性规定中关于股票账户实名制、禁止违法出借证券账户的相关规定,损害了社会公共利益,应当认定为无效。本院认为,虽然场外股票融资行为具有违法性,但目前法律并无关于场外融资合同无效的效力性强制性规定,上诉人施某某所引用的上述有关规定仅为管理性规定,且合同中对于收益的分配及风险的分担均有明确约定,且其效果只及于委托人及受托人,从单个合同来看,并不存在损害社会公共利益的情况,故原审认定案涉合同并未违反法律、行政法规强制性规定,不损害社会公共利益并无不当
沈某某、王某某民间借贷纠纷二审民事判决书 (2018)浙10民终3009号 台州市中级人民法院 2018.12.6	双方的法律关系应为场外配资合同关系。双方的约定,虽然违反了有关证券账户实名制、禁止出借证券账户等规定,但这些规定均为管理性规定,有关部门可以依据这些规定对双方当事人的行为进行查处。但这些规定并非效力性强制性规定,不能导致上诉人与被上诉人之间的民事法律行为无效
李某某与刘某、康某民间借贷纠纷一审民事判决书 (2018)冀0102民初3673号 石家庄市长安区人民法院 2018.12.20	《证券法》及相关规定中关于证券账户实名制和不得出借证券账户的规定仅为管理性规定,故本案应尊重当事人意思自治。借款协议系双方当事人真实意思表示,各方当事人应依约履行合同内容

续表

裁判文书	有效理由
俞某某、××国合同纠纷二审民事判决书 (2019)浙10民终1803号 台州市中级人民法院 2019.8.28	××国与俞某某之间的借款用于股票配资,由于双方均为自然人,属于私法自治和契约自由范围,不属于金融法规禁止交易对象,而借款关系本身并不违反法律、行政法规的禁止性效力性规定,因此,该借款关系应受法律保护,俞某某主张股票配资关系无效的上诉理由不能成立
邱某某、刘某合同纠纷二审民事判决书 (2019)浙06民终3521号 浙江省绍兴市中级人民法院 2020.2.24	一审法院认为,原告、被告之间签订的合同虽然名为《借款协议》,但从内容看,双方约定,原告向被告缴纳一定金额的现金作为保证金,被告按照1∶4的比例,将资金出借给原告并提供股票账户给原告用于买卖股票,并按固定比例收取利息,原告以买入的股票和保证金作为担保,设定警戒线和平仓线,被告有权在资产市值达到平仓线后强行卖出股票以偿还其出借款项本息,故该合同实际上具有场外股票融资合同的性质,并不简单等同于一般意义上的民间借贷合同。 关于场外股票融资合同的效力问题,学理上及司法实践中存在较大争议。广东省深圳市中级人民法院2015年曾出台《关于审理场外股票融资合同纠纷案件的裁判指引》,但该文件仅仅是地方中级人民法院作出的指引性文件,不能当然作为认定本案合同效力的相应依据。《证券法》第80条规定:"禁止法人非法利用他人账户从事证券交易;禁止法人出借自己或者他人的证券账户。"《最高人民法院关于为设立科创板并试点注册制改革提供司法保障的若干意见》第12条规定:"……对于未取得特许经营许可的互联网配资平台、民间配资公司等法人机构与投资者签订的股票配资合同,应当认定合同无效。……"但上述规定均系针对法人而非自然人的禁止性规定,而效力性强制性规定须有明文规定方能适用,同时,案涉协议内容仅涉及双方当事人,从单一合同考量,并不足以构成损害社会共同利益,即讼争合同并不符合合同法上关于合同无效的构成要件。综上,应当认定讼争合同有效,讼争合同对双方当事人具有法律约束力,当事人应遵循诚实信用原则,及时全面履行约定或法定义务。 二审法院对一审法院的上述认定未有改变

证券代表人诉讼新规解读

闫　艳[*]　吴学敏[**]

2020年7月31日,最高人民法院正式发布《关于证券纠纷代表人诉讼若干问题的规定》(以下简称《规定》),标志着中国特色证券集体诉讼制度真正落地。长期以来我国致力于加大对欺诈发行、操纵市场、内幕交易等违法违规行为的处罚力度,完善证券民事诉讼和赔偿制度。此次《规定》以为注册制改革提供司法保障为初衷,全面规范普通代表人诉讼和特别代表人诉讼程序,提升诉讼效率和重视当事人诉讼权利并举,准确回应了证券群体诉讼的实践难题,对促进资本市场健康发展和投资者权益保护具有重大意义。本文将从证券代表人诉讼放宽的前置程序、特别授权与诉讼权利保障、既判力扩张与程序衔接、投保机构的调解功能四个方面对《规定》深入解读,以期帮助资本市场相关参与主体准确全面了解证券代表人诉讼制度的最新动向,促进证券代表人诉讼机制在我国司法实践中的适用。

一、放宽的前置程序

最高人民法院于2003年出台的《关于审理证券市场因虚假陈述引发的民事赔偿案件的若干规定》(以下简称2003年《若干规定》)明确,虚假陈述证券民事赔偿案件的受理以行政处罚或刑事判决为前置条件。以2015年立案登记制改革为契机,《最高人民法院关于当前商事审判工作中的若干具体问题》规定取消前置程序,但囿于该文件法律位阶相对较低,司法实践对于该问题的口径始终不一,关于前置程序的存废一直饱受争议。此次《规定》明确放宽前置条件,即原告提交"证明证券侵权事实的

* 上海汉盛律师事务所高级合伙人。

** 上海汉盛律师事务所(实习)律师。

初步证据”不再限于“有关机关的行政处罚决定或者人民法院的刑事裁判文书”,有助于进一步保障投资者的诉权。

(一)合理性基础:前置条件的“证据”本质

《民事诉讼法》第119条要求当事人起诉应当“有具体的诉讼请求和事实、理由”,最高人民法院发布的《关于人民法院登记立案若干问题的规定》第2条明确“只有符合法律规定的起诉、自诉”,才能予以立案。也就是说,法院立案以原告提供“事实、理由”为前提,并且该“事实、理由”至少要存在“表面证据”,而非仅仅是原告的主观认识,否则立案程序作为一项独立的程序便完全失去意义。① 显然,正如普通民事案件,证券民事诉讼前置条件本质上也发挥“表面证据”的证明作用。具体而言,缘于证券市场的高度专业性和证券司法实践的不成熟,被告是否构成虚假陈述、虚假陈述的重大性等问题向来构成最为疑难的争议焦点,倘若缺乏具有证据与证明作用的前置条件,便会极大增加投资者的证据收集压力和法院对案件的侵权判断负担。换言之,前置条件旨在通过从事证券市场专业工作的行政机构和刑事审判,分担证券民事赔偿案件的审判负担和投资者的举证压力。

值得强调的是,此次《规定》扩大前置条件的范围,即除行政处罚决定和刑事裁判文书之外,被告自认材料、证券交易所和国务院批准的其他全国性证券交易所等给予的纪律处分或者采取的自律管理措施等均属于证券侵权民事诉讼的前置条件范畴,这恰恰是回归了前置条件的证据本质。根据《上海证券交易所纪律处分和监管措施实施办法》《深圳证券交易所自律监管措施和纪律处分实施细则》的规定,交易所纪律处分包括通报批评、公开认定不适合担任上市公司董监高、限制投资者证券账户交易、认定证券账户持有人为不合格投资者等;交易所自律监管措施包括口头警示,书面警示,要求限期改正,要求公开更正、澄清或说明等。二者均是主要针对交易所上市或转让证券发行人及相关主体的违规行为所采取的措施。那么,既然行政处罚决定和刑事裁判文书本质上就是证明侵权行为的证据,若交易所处分和自律监管措施同样能够达到该证明效果,将该种类型的证据纳入前置条件范围,亦具备合理性基础。

(二)必要性分析:符合当下证券市场需求

2003年《若干规定》对虚假陈述侵权诉讼的前置程序,是基于当时司法实践需要而设置的:一方面,设置前置程序能够有效避免诉讼爆炸问题。证券市场投资者众

---

① 参见范雪飞、连环:《从两个调解案例看上市公司虚假陈述民事诉讼前置条件之缓和》,载郭文英、徐明主编:《投资者》(第3辑),法律出版社2018年版,第209页。

多,倘若投资者只要主观认为受到虚假陈述侵害,便能提起民事赔偿诉讼,将给有限的审判资源造成巨大压力,进而影响案件审判质量和效率;另一方面,设置前置程序有助于保障证券市场稳定发展。我国证券市场尚处于转轨期,倘若不加限制地受理和审理证券纠纷案件,将使证券市场产生较大波动。

但是,随着我国证券市场和司法实践的不断成熟,证券侵权民事诉讼前置条件的放宽已经具备相当的社会实践基础。长期以来,我国坚持服务实体经济和保护投资者合法权益,把提高上市公司质量作为上市公司监管的重要目标,促进充分发挥证券交易所一线监督及自律管理职责,综合运用监管措施、行政处罚、市场禁入等方式,打击严重违反治理底线的违法违规行为。从相关公开数据来看,上海证券交易所对监管主体作出纪律处分决定的数量,近 3 年开始表现出爆发式增长态势(见图 1),2019 年总共出具 128 份纪律处分决定书,其中,涉及上市公司及相关当事人的 114 份,涉及中介机构的 8 份,涉及债券违规的 6 份。① 深圳证券交易所为强化自律监管,通过及时发函关注问询"抽丝剥茧",2019 年全年共发出关注问询类函件 1537 封,对上市公司及相关当事人发出监管函 483 封。② 因此,交易所纪律处分和自律管理等措施虽并未达到行政处罚的严厉程度,但某种程度上构成行政处罚的"雏形",若其足以构成原告投资者提起证券侵权诉讼"表面证据",那么将其纳入前置条件对于当下的证券市场是非常有必要的。

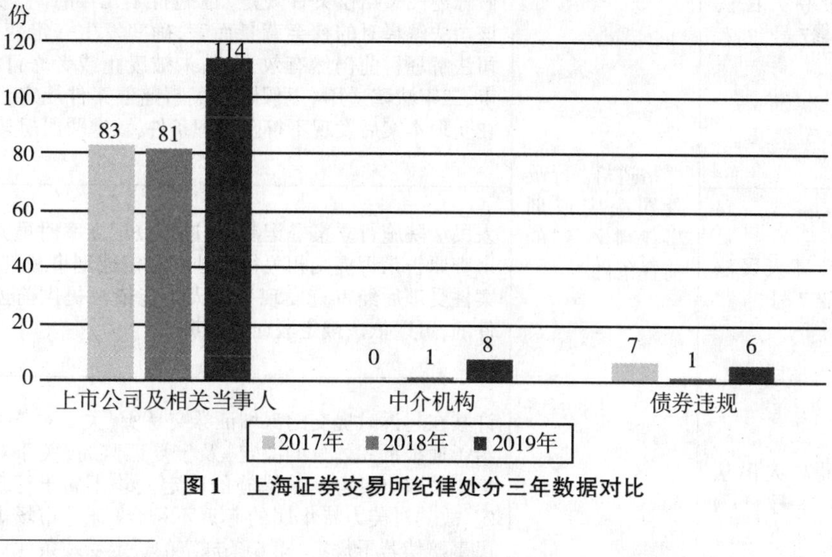

图 1　上海证券交易所纪律处分三年数据对比

---

① 参见上海证券交易所官网:http://www.sse.com.cn/home/search/?webswd=纪律处分,最后访问日期:2020 年 10 月 18 日。

② 参见深证证券交易所官网:http://www.szse.cn/disclosure/supervision/measure/measure/index.html,最后访问日期:2020 年 10 月 18 日。

然而,反观近年来我国司法实践(见表1),法院仍倾向于将行政处罚或刑事判决作为受理虚假陈述民事案件的前置程序。尽管2015年最高人民法院发布的《关于当前商事审判工作中的若干具体问题》规定取消前置程序,部分法院确有采取放宽前置条件的态度,比如,吉林省高级人民法院在相关行政处罚未正式作出前便受理案件,但大部分法院仍旧囿于该文件的低位阶性而倾向于依据现行有效司法解释,将行政处罚或刑事判决作为受理虚假陈述民事案件的前置程序,对证券侵权投资者的诉权行使造成阻碍。在当前证券市场和相关规定相对发展成熟的背景下,《规定》明确将交易所纪律处分和自律管理措施等其他类型证据纳入前置条件范围。这样规定,一方面,能够降低证券侵权诉讼的受理门槛,保障投资者诉权;另一方面,也兼顾民诉法的规定,有利于维护证券市场的稳定。但同时值得注意的是,放宽的前置程序亦对司法审判水平提出更高的要求,如何判断证券侵权诉讼时效的起算点、司法认定与行政处罚不统一等问题需要在未来实践中逐步解决。

表1 近年与证券诉讼前置条件有关的典型案例

案号	法院态度	判决内容
(2018)最高人民法院民申3437号	严格遵守"行政处罚决定或刑事裁判文书"的前置条件	当事人在提起证券虚假陈述民事赔偿诉讼时,应当提供有关机关的行政处罚决定或者人民法院的生效刑事裁判文书,不符合上述条件的,人民法院不予受理。……虽然《虚假陈述民事赔偿案件规定》已施行十几年时间,较之制定该司法解释时的社会背景而言,确实发生一定变化,但该司法解释目前仍然有效,在其未被废止或者修订之前,一审、二审法院适用《虚假陈述民事赔偿案件规定》的规定,在受理本案后发现不符合受理条件,裁定驳回胡某某起诉
(2018)最高人民法院民申1377号		人民法院施行立案登记制后,进行登记立案时虽并不当然审查原告是否提交相关行政处罚决定或刑事裁判文书,但案件受理后经审查发现当事人不能依法提供前述法律文件的,可以依法裁定驳回其起诉
(2020)最高人民法院民申3553号		许某在起诉时提交的深圳证券交易所《关于对英力特集团给予通报批评处分的决定》及宁夏证监局《关于对英力特集团采取出具警示函措施的决定》,均不属于行政处罚决定,故其对英力特集团的起诉不符合《证券市场虚假陈述民事赔偿若干规定》第6条规定的法定受理条件

续表

案号	法院态度	判决内容
浙江省杭州市中级人民法院(2018)浙01民初473号	放宽“行政处罚决定或刑事裁判文书”的前置条件	2017年11月8日,祥源文化公司收到中国证券监督管理委员会《行政处罚及市场禁入事先告知书》,明确祥源文化公司在控股权转让过程的公告中披露的信息存在虚假记载、误导性陈述及重大遗漏。后法院于2018年3月1日根据《行政处罚及市场禁入事先告知书》正式立案受理浙江祥源文化股份有限公司证券虚假陈述责任纠纷一案。后于2018年4月17日,祥源文化公司发布《关于收到中国证券监督管理委员会〈行政处罚决定书〉的公告》
吉林省高级人民法院(2019)吉民终457号		在第八次全国法院民事商事审判工作会议上,已指出根据立案登记司法解释规定,因虚假陈述、内幕交易和市场操纵行为引发的民事赔偿案件,立案受理时不再以监管部门的行政处罚和生效的刑事判决认定为前置条件,本案本院应予受理
四川高级人民法院(2019)川民终675号		一审法院虽然在中国证监会未对金亚科技公司是否构成虚假陈述的违法情形作出正式行政处罚前即受理本案,前述《调查通知书》亦非正式的行政处罚决定,但其调查内容与中国证监会2018年3月1日作出并已生效的行政处罚决定书所认定的金亚科技公司构成虚假陈述的事实一致,一审法院在行政处罚决定书生效前受理本案并作出判决,并未导致本案认定事实或适用法律错误,也未对案件实体处理结果产生实质性影响,不构成严重违反法定程序的情形

二、证券投资者的特别授权与诉讼权利保障

在我国过去的司法实践中,代表人诉讼机制的运用率较低,其背后最本质的原因是纠纷解决与当事人诉讼权利保障两种价值存在固有冲突。《民事诉讼法》第53条明确代表人变更、放弃诉讼请求或者承认对方当事人的诉讼请求,进行和解,必须经被代表的当事人同意,而这种仅赋予代表人一般的程序权利是造成代表人诉讼久拖不决的重要原因。《规定》重新审视纠纷解决与诉讼权利保障,通过事前的默示特别授权和事中事后的诉讼程序安排,解决了传统代表人诉讼两种利益难以平衡的结构性冲突,实为一大突破。

(一)纠纷解决与诉讼权利:群体性诉讼的价值冲突

“诉讼权利保障”与“一次性纠纷解决”是民事诉讼法一对非常重要的背反关系,

要使裁判拘束力尽可能扩及所有与纠纷相关的当事人,同时保障当事人的诉讼权利,代表人诉讼是最优的路径选择。但从我国过去的司法实践来看(见表2),代表人诉讼的利用率较低,其中,人数不确定的代表人诉讼制度更是形同虚设,相反,法院往往采取分案受理单独审判或者合并审理来处理证券群体纠纷。究其背后原因,一方面,我国现阶段群体性纠纷所涉当事人多为弱势群体,庞大数量的当事人极易在"人多势众"的心理暗示下,情绪化地走向非理性极端,造成严峻的社会问题;另一方面,进入一审的代表人诉讼案件,从立案到选定当事人再到公告登记、审判和执行,前后没有2年时间是难以完成的,尤其是在原告未逐一赋予代表人特别授权时,代表人在作出实质性决定时须一一经过投资者同意,耗费大量的诉讼时间。此时,法官出于对审判绩效的考量,防止案件的久拖不决,亦会通常选择分案受理来绕过此"烫手山芋"。[①] 因此,诉讼代表人制度本身设计是否合理是决定其利用率的重要一环,其中,代表人享有众多原告投资者的特别授权是决定集体诉讼效率的关键。

表2 证券诉讼审理方式的典型案例

案名	审理方式	案情概要
大庆联谊案	共同诉讼、分组审理	2000年3月31日,证监会发布行政处罚决定,认定大庆联谊石化股份有限公司存在欺诈上市、虚假陈述行为。2002年通知发布后,679名投资者委托律师以共同诉讼的方式起诉大庆联谊。后法院采用"共同诉讼、分组审理"的方式,将共同诉讼拆分为15人至20人为一个共同诉讼开庭审理
东方电子案	共同诉讼、分批审理	2002年12月,烟台市中级人民法院作出刑事判决,认定东方电子存在财务造假、虚假陈述行为。随后7000余名股民先后向青岛市中级人民法院提起诉讼,要求索赔。后法院采取"共同诉讼、分批审理"的方式陆续开庭审理
佛山照明案	单独诉讼、合并审理	2012年7月6日,中国证监会广东监管局作出处罚决定,认定佛山电器照明股份有限公司存在虚假陈述行为。王某等955名原告起诉佛山照明,广州市中级人民法院对案件进行了合并审理,于2014年11月15日以判决附件形式对955名原告的诉讼请求予以支持
方正科技案	示范判决机制	2019年3月21日,全国首例适用示范判决机制的示范案件方正科技案在上海金融法院公开开庭审理。庭前,法院依职权选定了示范案件,并向示范案件和900余名平行案件当事人发送示范案件选定告知书,5月5日该案进行了一审宣判

---

① 参见相庆梅:《我国群体性诉讼的类型化研究》,载《河北法学》2011年第7期。

（二）特别授权与程序保障：证券代表人诉讼的重新价值权衡

《民事诉讼法》赋予诉讼代表人的仅是一般的程序权利，即取得实体处分权必须经登记的全体代表人明示的特别授权，而这难免与代表人诉讼制度的初衷相违背，导致诉讼效率低下。① 为提高审判效率，克服集体诉讼周期长、成本高等固有程序缺点，《规定》明确普通代表人诉讼和特别代表人诉讼均采用默示的特别授权模式，只要原告投资者在指定期间进行权利登记，代表人在诉讼程序中便无须一一经过原告的同意，就可以代表原告变更或放弃诉讼请求、与被告达成调解协议、提起或者放弃上诉等。同时，为避免默示的特别授权模式与投资者诉讼权利之间的张力与冲突，《规定》对诉讼效率和权利保障两种价值重新进行权衡，通过重视践行正当程序和加强司法实体审查，整体上形成代表人特别授权、投资者诉讼权利、法院监督权三方制衡的权利架构。

具体而言，《规定》妥善赋予投资者在诉讼全过程中的权利保障：(1)表决权。代表人推选实行一人一票，充分保护弱势群体利益。(2)知情权。代表人对于决定撤诉、达成调解协议、变更或放弃诉讼请求、放弃或决定上诉等重要诉讼事项，应当及时通知全体原告。(3)异议权。投资者认为代表人不适格的，可以向人民法院申请撤销代表人资格，对代表人撤诉、变更或者放弃诉讼请求等决定以及调解协议草案，投资者有权提出异议。(4)复议权。当事人对人民法院经先行审查裁定确定的权利人范围有异议的，可以自裁定送达之日起 10 日内向上一级人民法院申请复议。(5)退出权。普通代表人诉讼中，投资者对推选出的代表人不满意的有权撤回权利登记并另行起诉；特别代表人诉讼中，符合权利人范围的投资者可以在公告期间届满后 15 日内向人民法院声明退出。经听证程序后，投资者对代表人达成的调解协议草案仍不认同的，可向法院提交退出申请。(6)上诉权。代表人放弃上诉的，不影响个别投资者提起上诉的权利；代表人决定上诉的，不影响个别投资者放弃上诉的权利。

三、证券代表人诉讼的既判力扩张与程序衔接

《规定》为保障原告投资者的诉讼程序权利，在不同阶段为不能或者不愿意参加代表人诉讼的原告提供退出机制，亦赋予个别投资者自行提起上诉或者放弃上诉的

① 参见孙彩霞：《退出制代表人诉讼应兼顾诉讼效率与诉讼权利的保护》，载《中国证券报》2020 年 4 月 8 日，A03 版。

权利,这意味着就同一证券违法事实可能同时存在代表人诉讼和非代表人诉讼,代表人放弃上诉和非代表人决定上诉的情形。那么,何种类型的诉讼先行审理,存在上诉时诉讼程序如何衔接,不同情形下裁判效力扩张的路径如何便非常重要。

(一)证券代表人诉讼与示范判决机制的衔接

自2016年最高人民法院、中国证监会发布《关于在全国部分地区开展证券期货多元化解机制试点工作的通知》明确要求建立示范判决机制以来,北京法院、上海法院等相继落实。2019年3月21日,全国首例适用示范判决机制的示范案件方正科技案在上海金融法院公开开庭审理。示范判决机制之核心在于通过选取具有代表性的案件先行审理、先行判决,充分发挥示范案件的引领作用,促使其他平行案件当事人通过调解或快速审理解决纠纷。换句话说,示范判决机制遵循"示范判决+集中调解"之模式,以加强诉调结合为着力点,辅之提供给平行案件原告受通知权、异议权的程序性安排,将纠纷化解于审判大门外。可以肯定的是,调解具有纠纷解决成本低、高效、非对抗性的优点,并且弥补诉讼制度本身无法缓解的僵化,促进当事人发挥主动性,但调解相比审判长期以来却无法保障结果正义,因而成为非东方经验;[①]相反,证券代表人诉讼制度虽不比调解灵活,但能够在诉讼框架内一次性解决证券群体纠纷,尤其是在"默示加入,明示退出"的特别代表人诉讼中,能够最大限度实现兼顾诉讼效率与结果正义。

每种单一的群体纠纷解决机制都存在相应的局限,此次《规定》第23条给诉讼代表人机制与示范判决机制的衔接留有空间,符合长期以来多元化纠纷解决的司法趋向,亦表明示范判决机制并非一种替代机制,而是具有其独特的价值。具体而言,一方面,《规定》第23条明确代表人诉讼先行审理为原则,人民法院还受理其他基于同一证券违法事实发生的非代表人诉讼案件的,非代表人诉讼案件中止审理,旨在保障代表人诉讼的扩张力,即未参加登记的权利人裁定适用代表人诉讼判决、裁定;另一方面,该条以适用先行审理具有典型性、及时审理利于解决纠纷的非代表人诉讼案件为例外,旨在充分发挥示范诉讼等机制的引领作用,促使其他平行案件当事人通过调解或快速审理解决纠纷。总之,群体性纠纷解决机制的制定背景某种程度上都是一致的,即为实现一次性解决多数当事人的利益冲突,提升诉讼效率,降低诉讼成本。[②]

---

① 参见熊锦秋:《"示范诉讼+委托调解"或是解决群体纠纷的金钥匙》,载《证券时报》2018年12月3日,A08版。

② 参见杨瑞:《示范诉讼制度探析——兼论我国代表人诉讼制度之完善》,载《现代法学》2007年第5期。

《规定》明确证券侵权诉讼的解决以代表人诉讼为主、示范判决机制等为辅，实质上均是以选取典型案件、先行审理证券纠纷共性的事实问题与法律问题为出发点，达到提供纠纷解决的一个可靠模板之目的，实现纠纷的最快速化解。

（二）证券代表人诉讼一审与二审程序的衔接

法院作出的判决、裁定对所有参加登记的投资者发生效力，这是证券代表人诉讼的题中应有之义，同时，《规定》第23条明确代表人诉讼的适度既判力扩张，即符合权利人范围但未参加登记的投资者提起诉讼，且主张的事实和理由与代表人诉讼生效判决、裁定所认定的案件基本事实和法律适用相同的，人民法院审查具体诉讼请求后，裁定适用已经生效的判决、裁定。但是，当证券代表人诉讼存在上诉情形时，尤其是代表人与部分原告对于是否上诉意见不一时，便稍显复杂。

首先，就二审时的既判力扩张方面，《规定》第27条、第28条明确代表人诉讼二审裁判效力扩张原则。当仅有部分投资者自行上诉或者放弃上诉时，一审判决仅在未上诉的原告与被告间发生效力，二审裁判对未登记的权利人发生裁判扩张效力。换句话说，这种情形下同时存在生效的一审和二审两份判决，而无论二审裁判是维持还是改判，未参与登记的投资者均裁定适用二审裁判。那么实践中将会产生的问题是，若二审改判结果更有利于原告投资者，一审中放弃上诉的原告是否还能申请再审，目前主流观点认为放弃上诉权利便意味着不能轻易启动再审。其次，就二审时的程序衔接方面而言，《规定》并未进行明确的规定，有待司法实践给出回应。具体来看，当部分投资者放弃上诉而代表人决定上诉时，二审诉讼程序按照代表人诉讼继续进行尚无疑义；但是，当代表人放弃上诉而部分投资者自行提起上诉时，二审诉讼程序便面临选择，若上诉人数较少，那么采用单独诉讼尚相对便捷，若上诉人数具有一定规模，那么便需要程序上采取一定措施来避免诉讼程序的拖沓。

四、发挥投保机构在证券代表人诉讼中的调解功能

在总结证券纠纷多元化解实践经验的基础上，《规定》第3条明确规定，法院应当按照自愿、合法原则，引导和鼓励当事人通过行政调解、行业调解、专业调解等非诉讼方式解决证券纠纷；同时，应当尊重当事人的程序选择权，即若当事人选择诉讼方式解决纠纷，法院应当及时立案，案件审理过程中亦应当着重调解，努力拓宽投资者索赔的司法路径。同时，如上所述，《规定》整体构建出“投资者放权、由法院监督”的代

表权运行机制,投资者对代表人的默示特别授权意味着代表人能够自行决定与被告达成调解协议。那么,在我国特别代表人诉讼制度以投资者保护机构主导为特色背景下,投资者保护机构便发挥着重要的调解引导功能。此前上海金融法院出台的试行规定对于调解流程规定较少,仅在第 30 条笼统规定和解或调解协议内容需经法院审查。此次《新规》通过层层递进的流程设置加强了对原告投资者的保护(见图 2),同步出台的配套规则《中证中小投资者服务中心特别代表人诉讼业务规则(试行)》作出相应安排。

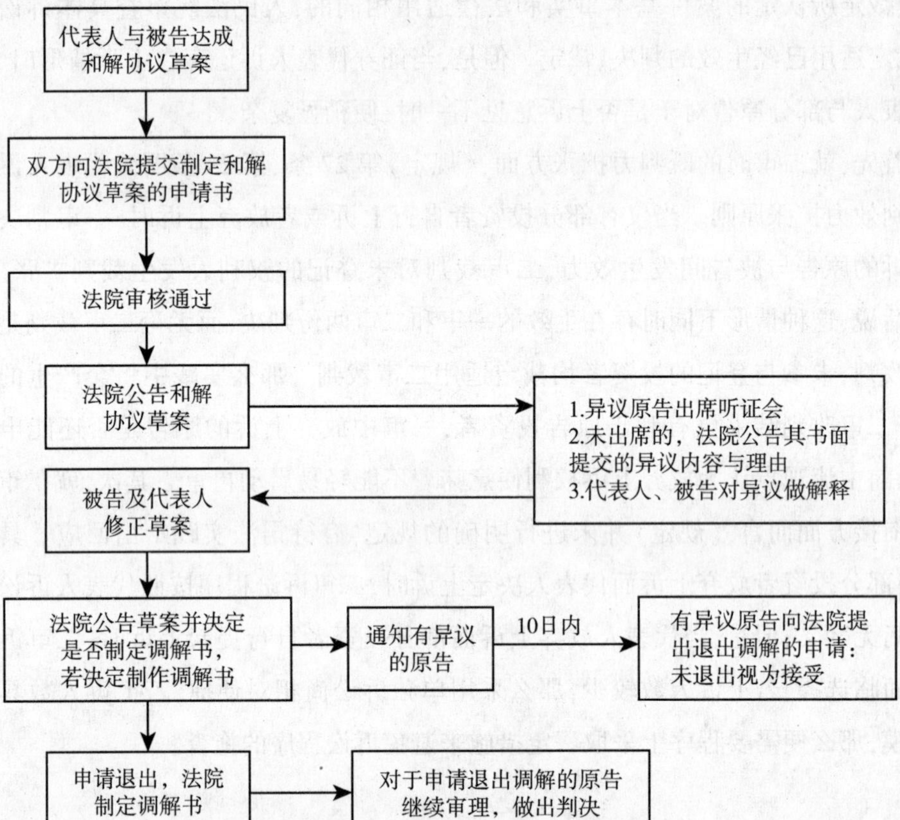

图 2 证券代表人诉讼创新的调解流程

具体而言,一方面,《规定》充分发挥司法权监督制约作用,对调解协议的达成、法院通过、法院公告、调解书的制作均作出操作性规定。比如,《规定》第 19 条明确法院应对调解协议是否违反法律、行政法规的强制性规定,公序良俗和损害他人利益等进行初步审查,包括审查调解协议草案是否存在对原告的有利因素和不利影响;又如,《规定》第 20 条和第 21 条规定当原告对调解草案有异议时,法院应当召开听证会对调解草案合法性、可行性审查,并决定是否制作调解书。另一方面,《规定》在调解的各个环节均注重保障原告投资者的知情权、异议权、听证权和退出权,体现对当事人程序权利、实体权利的重视与保护。但值得注意的是,《规定》尚未解决调解程序与诉讼的程序衔接问题,代表人诉讼调解结案的,对于已权利登记但在调解程序中退出的原告,该采取何种形式继续诉讼尚有待司法实践给出回应。多元化纠纷解决机制不是部门职能的简单叠加,也不是法院对各类纠纷的笼统纳入,而是各司其职、多方联动、形成合力的系统工程。① 此次《规定》以投资者保护机构为主导的特别证券纠纷代表人诉讼,避免了美国由律师主导的证券集团诉讼的扰诉、滥诉问题,而投保机构的公益性亦决定其在发挥引导调解功能时具有天生的优势。发挥投保机构在证券代表人诉讼中的调解功能,有利于在大幅提高纠纷化解效率的同时,减轻法院和监管部门的压力及中小投资者的维权成本,改变中小投资者在资本市场中的弱势地位。

① 参见梁平:《"大调解"衔接机制的理论建构与实证探究》,载《法律科学(西北政法大学学报)》2011 年第 5 期。

征稿启事

中证中小投资者服务中心(以下简称投服中心)是由中国证监会批准设立并直接管理的证券金融类全国性公益机构。《投资者》是投服中心主办、拟向社会公开连续出版的综合性出版物。宗旨是维护投资者权益,为投资者提供保护与服务。

《投资者》以法学领域探究为侧重点,展现国内外投资者权益保护的最新理论与实务动态,内容以境内为主,境外为辅;以实践为主,理论为辅。分为"政策解读""理论探究""公司治理""市场实务""投教园地""案例探析""域外视野"等部分,每辑根据实际情况作适当调整。

《投资者》拟每季度出版 1 辑,全年出版 4 辑。

一、征稿范围

涉及法学、经济学及其他领域,与投资者尤其是中小投资者及其权益保护相关的理论和实践性作品。要求未曾公开发表或主体部分未曾公开发表。

二、投稿须知

1. 文章应当论点鲜明、逻辑严谨、可读性强、贴近市场,具有学术深度和实践应用价值,字数在 8000 ~ 10,000 字为宜,特别优秀的理论文章字数不限。

2.《投资者》编委会保留对来稿进行文字性和技术性修改的权利。除作者特别说明外,其文章均为个人观点,与其所在单位、职务无关;不代表投服中心观点,文责由作者自负。

3. 来稿请附上作者的姓名、单位或学校、职称或职务、通信地址、邮编、电话、电子邮箱。

4. 请将 Word 文件发送至电子邮箱:tzzbjb@ isc. com. cn。文章应符合国家著作权规定、学术规范及《投资者》编辑体例要求。

5. 来稿一经录用,编委会将及时通知作者;选用后将根据文章质量及字数从优支付稿酬,并奉送样书。北大法宝法学期刊数据库全文收入本书。

6. 联系人:汤沸　　电话:021－60290620

地址:上海市浦东新区世纪大道1701号钻石大厦B座11楼中证中小投资者服务中心《投资者》编委会,邮编:200122。

投服中心

《投资者》编委会

2020年8月

编辑体例

一、标题:宋体四号字,加粗,居中。

二、作者:宋体小四号字,居中,并用上标星号(＊)作为介绍作者脚注的标志,在脚注中注明作者工作单位、职务、职称。如有两名作者,第二名作者用两枚上标星号(＊＊),以此类推。

三、摘要、关键词:中文摘要200字以内、关键词3~5个。

四、正文:宋体小四号字,首行缩进,行距1.5倍。区分标题和要点,标题层级依次为"一、……""(一)……""1.……""(1)……"要点层级依次为"1.……""(1)……""①……"一级标题采用小四号字体加粗;二级标题采用黑体小四号字不加粗;三级标题宋体小四号字,不加粗。引用具体法律文件应加书名号,如《证券法》《上市公司重大资产重组管理办法》。法条序号(第×条、第×款、第×项)。时间(世纪、年代、年月日等)。数量金额等用阿拉伯数字,但直接引用原文的从原文。

五、注释:一律采用脚注,全文每页重新编号,注码放标点之后,注码符号为"①②③……"非引用原文者,注释前加"参见";引用资料非原始出处者,注明"转引自";宋体五号字。

常见注释示例如下:

1.著作类

(独著作品)费孝通:《乡土中国》,人民出版社2015年版,第134~135页。

(合著作品)范健、王建文:《商法的价值、源流及本体》,中国人民大学出版社2007年版,第10页。

(多人合著作品)左卫民等:《中国基层司法财政变迁实证研究(1949—2008)》,北京大学出版社2015年版,第88页。

(编辑作品)何勤华编:《律学考》,商务印书馆2004年版,第65~67页。

（中文译著作品）［英］洛克：《政府论》（上篇），瞿菊农、叶启芳译，商务印书局1982年版，第15~16页。

（台港澳作品）王泽鉴：《人格权法》，台北，三民书局2012年版，第15页。

（间接引用文献）参见王泽鉴：《民法学说与判例研究》，北京大学出版社2009年版，第108页。

2. 期刊论文类

（期刊）闫召华：《概率原理在犯罪嫌疑人摸排中的应用》，载《中国人民公安大学学报（社会科学版）》2013年第5期。

（论文集）尹田：《法国合同责任的理论与实践》，载梁慧星主编：《民商法论丛》第3卷，法律出版社1995年版。

（学位论文）雷丽清：《中美内幕交易罪比较研究》，华东政法大学2012年博士学位论文，第12页。

3. 报纸类

陈甦、陈洁：《投服中心持股行权：理念创新与制度集成》，载《上海证券报》2017年1月4日，第7版。

4. 古籍类

《清实录》卷一四六。

5. 辞书类

《牛津法律大词典》，光明日报出版社1988年版，第99页。

6. 网络类

汪波：《哈尔滨市政法机关正对"宝马案"认真调查复查》，载人民网2004年1月10日，http://www.people.com.cn/GB/shehui/1062/2289764.html。

单素华：《证券纠纷特别代表人诉讼相关程序性法律问题分析》，载新华网：http://www.xinhuanet.com/finance/2020-09/04/c_1126452998.htm。

7. 裁判文书

北京市海淀区人民法院民事判决书，（2018）京0108号民初142号。

8. 外文著作类

Richard H. Thaler, *Misbehaving: The Making of Behavioral Economics*, W. W. Norton & Company, 2015, p. 6.

9. **外文期刊类**

Forrest Briscoe and Katherine C. Kellogg, *TheInitial Assignment Effect*: *Local Employer Practices and Positive Career Outcomes for Work-Family Program Users*, 76 American Sociological Review, 292(2011).

10. **外文案例类**

Greebel v. FTP software, Inc., 194 F. 3d 185(1st Cir., 1999).

11. **外文网站类**

Stephen McDonell, *When China Began Streaming Trials Online*, BBC News(Sept. 30, 2016), https://www.bbc.com/news/blogs-china-blog-37515399.

图书在版编目(CIP)数据

投资者. 第12辑 / 郭文英主编. -- 北京 : 法律出版社, 2020
ISBN 978-7-5197-5140-1

Ⅰ. ①投… Ⅱ. ①郭… Ⅲ. ①投资-研究-中国②投资-金融法-研究-中国 Ⅳ. ①F832.48②D922.280.4

中国版本图书馆 CIP 数据核字(2020)第228137号

投资者(第12辑)
TOUZIZHE (DI-12 JI)

郭文英 主编

策划编辑 陈 妮
责任编辑 陈 妮 黄 筝
装帧设计 李 瞻

出版 法律出版社
总发行 中国法律图书有限公司
经销 新华书店
印刷 固安华明印业有限公司
责任校对 王晓萍 王语童
责任印制 吕亚莉

编辑统筹 法治与经济出版分社
开本 787毫米×1092毫米 1/16
印张 10.25
字数 202千
版本 2020年11月第1版
印次 2020年11月第1次印刷

法律出版社/北京市丰台区莲花池西里7号(100073)
网址/www.lawpress.com.cn
投稿邮箱/info@lawpress.com.cn
举报维权邮箱/jbwq@lawpress.com.cn
销售热线/400-660-8393
咨询电话/010-63939796

中国法律图书有限公司/北京市丰台区莲花池西里7号(100073)
全国各地中法图分、子公司销售电话:
统一销售客服/400-660-8393/6393
第一法律书店/010-83938432/8433　西安分公司/029-85330678　重庆分公司/023-67453036
上海分公司/021-62071639/1636　深圳分公司/0755-83072995

书号:ISBN 978-7-5197-5140-1　**定价**:68.00元